海洋水动力工程研究论丛

System Construction and Engineering Application of Ship Operating Condition Guarantee System for Large Open Sea Terminal

大型开敞式码头船舶作业条件保障系统搭建与工程应用

沈文君　陈汉宝　姜云鹏　高　峰　徐亚男　著

人民交通出版社股份有限公司

北　京

内 容 提 要

本书针对码头系泊船舶的港内作业安全问题,开展了详细研究。采用波浪数值模拟、系泊数值模拟等手段,获取了泊位前的风浪流条件,并进一步得到了不同风浪流作用下的船舶动力响应预报数据库;基于智能神经网络算法实现了预报波浪下船舶动力响应的快速预报,最终开发了大型开敞式码头船舶作业条件保障系统,形成了系列研究成果。

本书可供海洋及海岸工程相关专业研究人员参考使用。

图书在版编目(CIP)数据

大型开敞式码头船舶作业条件保障系统搭建与工程应用/沈文君等著.—北京:人民交通出版社股份有限公司,2021.12

ISBN 978-7-114-16670-9

Ⅰ.①大… Ⅱ.①沈… Ⅲ.①码头工程—研究 Ⅳ.①U656.1

中国版本图书馆 CIP 数据核字(2020)第 118379 号

海洋水动力工程研究论丛

Daxing Kaichangshi Matou Chuanbo Zuoye Tiaojian Baozhang Xitong Dajian yu Gongcheng Yingyong

书　　名:大型开敞式码头船舶作业条件保障系统搭建与工程应用

著 作 者:沈文君　陈汉宝　姜云鹏　高　峰　徐亚男

责任编辑:崔　建

责任校对:孙国靖　卢　弦

责任印制:张　凯

出版发行:人民交通出版社股份有限公司

地　　址:(100011)北京市朝阳区安定门外外馆斜街 3 号

网　　址:http://www.ccpcl.com.cn

销售电话:(010)59757973

总 经 销:人民交通出版社股份有限公司发行部

经　　销:各地新华书店

印　　刷:北京虎彩文化传播有限公司

开　　本:720×960　1/16

印　　张:9.75

字　　数:192 千

版　　次:2021 年 12 月　第 1 版

印　　次:2021 年 12 月　第 1 次印刷

书　　号:ISBN 978-7-114-16670-9

定　　价:48.00 元

编　委　会

著　　者：沈文君　陈汉宝　姜云鹏　高　峰
徐亚男

参与人员：李　焱　胡　克　金瑞佳　赵　鹏
耿宝磊　张亚敬　刘　针　孟祥玮
栾英妮　谭忠华　胡杰龙　胡传琦
张　维　马　隽　于　滨　熊　岩

前　言

中国沿岸港口已进入后建设期，越来越多的大型码头面临开敞海域，在港内口门附近或港外，大风浪天气会对码头生产作业产生重大的影响。

本书针对系泊船舶运动状态如何提前判断的问题，研究了波浪精细化预报模拟技术和船舶运动响应快速预报技术，并开发了大型开敞式码头船舶作业条件保障系统。该系统涉及波浪、浮体及信息化等多学科交叉，结合港区实际和运营经验，为安全生产和调度决策提供建议。

本书的主要研究成果如下：

(1)波浪全过程精细化模拟及预报技术

基于物理模型及数学模型手段，研究单位已实施中国近岸几十个港口建设项目的科研工作，充分总结历史数据，研究中国沿海大风浪港口特征及未来发展趋势，建立了沿海港口波浪预测技术。

首先基于能谱的波浪模式采用不同的参数化方案订正，考虑非对称性联合风场为驱动场、白浪破碎、近岸浅水地形波浪破碎等物理过程系统模拟中国过去50年的大风及大风浪过程，建立起适用于中国沿海港口的大风及大风浪数据库。

其次基于中国沿海长期的实测风浪、再分析风浪数据，建立中国海域港口风浪预报模型，实现中国沿海海域31个港口的72h逐时海浪预报功能。

(2)船舶运动响应快速预报技术

考虑系泊船舶、缆绳、护舷等作用的相互耦合影响，在时域内得到风浪流联合作用下船舶的六自由度运动响应、系缆力和撞击力；基于大量数值模拟和实验室物理模型试验数据，建立了船舶动力响应预报数据库;采用神经网络算法实现了波浪下船舶动力响应的快速预报,为中国海域港口的安全作业提供技术支撑。

(3)系泊船舶作业天数精细化分析技术

首次依据不同波浪周期对应的允许作业条件,并结合港区的波浪基础资料(实测序列、波高周期联合分频分级表等),对码头的作业天数和最大连续作业天数统计方法进行精细化分析,以满足运营方案的设计。

(4)码头船舶作业保障系统

在以上研究的基础上,开发了船舶作业保障系统。该系统有较高的操作便利、较为高效科学的算法及可靠稳定等,以及较高的可维护性。具体功能包括:①高效的波浪数值预报模型,可实现工程海域3天的波浪预报;②系泊船舶在风浪流联合作用下运动响应的快速预报算法,可实现对船舶运动量、系缆力及护舷撞击力的快速预报;③根据规范标准,为船舶作业条件的安全程度进行评估建议。

本书的研究成果是团队成员共同努力的结果,在编写和出版过程中,得到了各级领导和同事们的大力支持和帮助,在此谨向他们表示衷心的感谢。

限于作者的水平和经验,本书的错误和疏漏之处在所难免,恳请读者提出宝贵建议。

作　者

2020年10月于天津

目　　录

第 1 章　绪　　论

1.1　研究背景与意义

随着全球经济一体化进程的不断加快,世界海运贸易事业正得到空前的发展,船舶与港口的建设也迅速走向大型化。据不来梅航运经济与物流所(ISL)历年统计资料,近年的世界航运业发展迅速,充分表现在货运量与商船队的增长数量上。尤其突出地表现在船舶大型化方面。图 1-1 给出了 10 年来全球海运运力的增长趋势,从图中艘数的增长率可以看出,船舶呈明显大型化趋势。

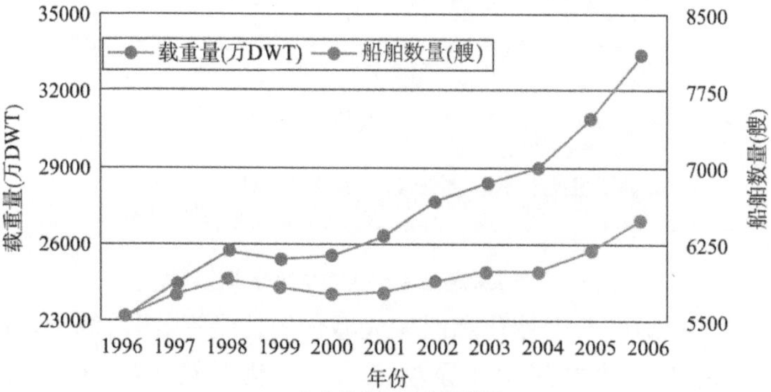

a) 全球散货船运力增长图

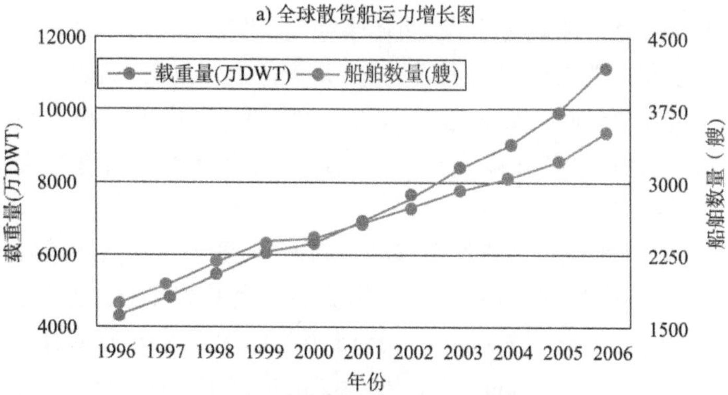

b) 全球集装箱船运力增长图

图 1-1　全球散货船和集装箱船运力增长趋势图

船舶吨位越大，对港口码头尺度、仓储容量、航道水深与集疏运能力等条件的要求越高。世界各国的港口企业也在不懈努力，自 1969 年以来，集装箱运力增加了约 1200%，以适应船舶大型化（图 1-2）对上述运输条件提出的要求。

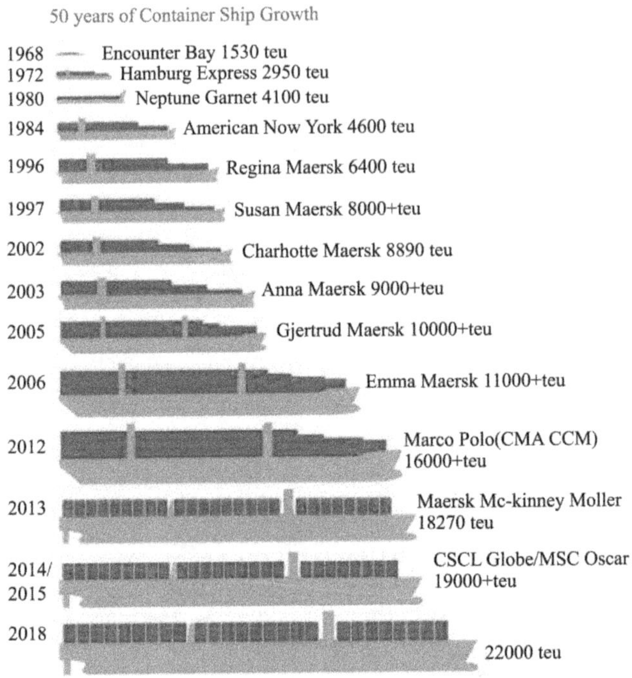

图 1-2　集装箱船型在 50 年的大型化发展趋势

近年来，随着全球码头专业化和船舶大型化的发展，我国沿海港口出现了许多 15 万吨级以上的泊位，主要集中在原油、矿石、液化天然气（LNG）等大宗散货领域。此类码头所停靠的船舶吃水大、回转半径大，需要更宽阔的水域空间和通航条件，因此，通常建设在港内口门附近或港外，属于开敞式码头，船舶作业条件不如港内码头理想，面临水深浪大、掩护条件差等不利因素，出现了一些制约码头运营安全的技术难题。当前，大型开敞式码头影响运营安全和生产效率的问题主要表现在以下两个方面：

（1）大型开敞式码头系靠泊安全作业标准尚未健全。大型开敞码头的载货多为 LNG、原油等高危险特性货种，靠离泊作业的规定更加严格，容易受到大风、雾、涌浪等因素的影响。根据相关规范，大于 15 万吨级油轮在码头靠泊允许作业的标准为：风力≤6 级，能见度≥1km，顺浪 $H_{4\%}\leq 2$m，横浪 $H_{4\%}\leq 1.5$m，有雷暴时停止作业。目前，我国大宗散货泊位停靠的主力船型多为 20 万吨级、30 万吨级甚至 40 万吨级船舶，远超过规范的上限15万吨级，但我国规范对15万吨级以上的船舶作业条件未给出明确的标准。多地现场调研发现，码头运营期间多以现场经验判断能否系靠码头，难以保证复杂海况下的作业安全。

（2）涌浪天气对生产作业影响较大，系靠泊安全存在隐患。外海传来的涌浪不同于风浪，波高一般较小，但波长较长，在水平方向上的流动性较大，具有相当大的能量，对港口建筑物产生的破坏力极大。同时，涌浪会导致系泊船舶产生大幅运动，当波浪周期与船舶固有周期接近时，船舶运动最为剧烈，缆力远大于普通风浪下的情况。国内外一些港口因此多次发生断缆事故，严重影响码头作业及安全。不同波浪周期下缆绳张力变化见图1-3。当波浪周期由5s增加至10s时，缆力大幅增加至原来的4倍左右，因此，涌浪发生时，船舶运动量和缆力均数倍于普通风浪，应引起格外重视。

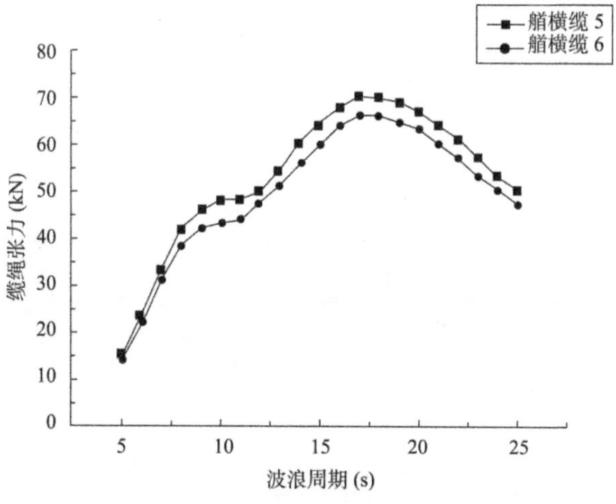

图1-3 大型船舶缆力随波周期变化图

以青岛港董家口港区30万吨级油码头为例，该泊位位于董家口港区口门外西侧，面向黄海，地处北上台风必经之路，外海涌浪经长距离传播后，可直接作用于码头，多次出现船舶离靠泊困难、输油臂脱落等重大险情，对生产作业安全影响较大，引起了管理部门和运营单位的高度重视。

根据相关资料统计，当台风临近附近海域或偏东向大风持续一段时间后，港区易出现周期超过8s的涌浪。影响董家口港区的典型台风波高和周期历时过程见图1-4。由图可知，在台风抵达24h之前，董家口港区的波周期由4s逐渐增大至12s，表现出明显的涌浪特征。非台风天气波高和周期历时过程见图1-5，由图可见，在没有台风影响期间，在48h内，波浪周期也出现了由4s增大至12s的变化过程,最长周期可达14s。由此说明,无论是台风影响期间,还是非台风天气下,董家口港区出现涌浪的可能性较大,对30万吨级原油码头生产作业影响造成较大影响。

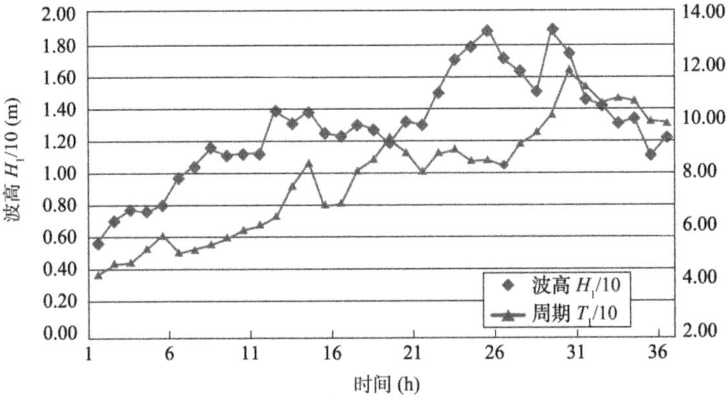

图1-4 典型台风波高和周期历时过程图

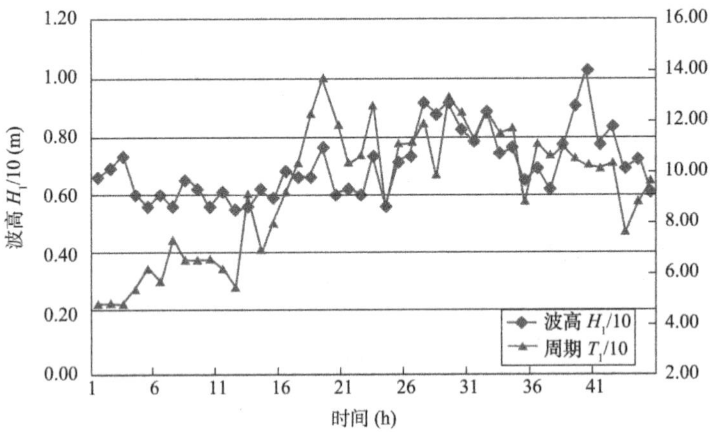

图1-5 非台风天气波高和周期历时过程图

大型开敞式码头船舶作业条件保障系统研究,旨在分析复杂多变的海洋环境对船舶作业的影响,发现困扰码头生产安全的技术难题,提出优化方案和应对措施,对保障码头系泊安全、合理进行生产调度、提高码头接卸效率具有可观的经济效益和重要的安全意义,为实现智慧型港口提供技术支撑。

1.2 国内外研究现状

目前国内外还没有专门的系统将港内波浪预报与系泊船舶的运动响应结合起

来,均是将两部分内容分开进行研究讨论,即港内水动力环境条件和港内系泊船舶的运动响应研究。

1.2.1 波浪条件研究

自19世纪40年代以来,对波浪数值模拟的研究迅速发展起来。Sverdrup和Munk于1947年首次引入海浪谱的概念,对波要素和风要素的经验公式进行推导,并结合实测资料,提出了最早的海浪预报方法。Bretschneider于1952年对Sverdrup和Munk提出的方法进行了研究与完善,使得其可以对深水海浪进行推算。Piersonetall于1955年根据能量平衡方程,考虑了空间变化以及时间变化,对波浪要素的推算做了相应研究。Miles和Phillipsli于1957年提出了波浪成长机制的相关理论,意味着第一代海浪模式的正式出现。第一代海浪模式虽然对波浪的成长和传播做了一定程度的限制,使其不会一直成长下去,会出现饱和状态,但具有明显的缺点,高估了风能输入过程中的输入能量,同时低估了非线性相互作用的影响。

在之后的20年里,研究人员做了大量的试验来研究能量输入和波波间非线性相互作用在波浪传播中的影响,以此对风浪成长机制做进一步了解。经过对第一代海浪模式的改进,非线性项被新的模式考虑在内,故发展为第二代海浪模式。第二代海浪模式虽然模拟精度有所提升,但当所计算的风场变化较大时,波浪场模拟效果较差,而且模式对涌浪和风浪处理能力较弱,存在一些缺陷。尽管有的研究人员对第一代海浪模式和第二代海浪模式做出调整,对某些风场的模拟能够取得不错的效果,但并不能对各种风场均进行精度较高的模拟。

随着研究人员对海浪成长传播机制的深入理解,海浪模式在20世纪末已经到了比较成熟的阶段。第三代海浪模式——WAM模式便应运而生。WAM模式的控制方程采用二维波浪谱,考虑了多项实际物理过程,包括风能输入项、白帽耗散项、三波相互作用及四波相互作用。WAM模式在计算时不仅可以在传统的笛卡尔坐标系下运算,也可在球坐标系下进行运算,网格可采用经纬度网格,对任意海域可进行波浪推算,用以模拟中国各个区域的海浪要素。第三代海浪模式除WAM模式外,还有最新发展的WAVEWATCHⅢ模式和SWAN模式。其中,WAVEWATCHⅢ模式是由Tolman H. L基于动谱平衡方程提出的第三代海浪模式,是在WAM的基础上发展起来的,增加了波—流相互作用,模式对风浪流传播机制做了更深入的考虑。而SWAN模式自从发布以来,很多学者已经采用其进行了大量的模拟研究。而SWAN模型自发布以来,已经被大量运用到波浪的模拟计算。Ris等利用SWAN模式对Lake George和Haringvliet等一些地区的风浪进行了模拟计算。之后,Gorman等用SWAN模型对美国等沿海地区的风浪要素进行了推算,取得了不错的效果。

我国的海浪数值模式在新中国成立之后也慢慢起步发展，中科院院士文圣常奠定了我国海浪研究的基础，编写了两本著作——《海浪原理》和《海浪理论与计算原理》，对海浪基础理论的发展和海浪预报、后报技术的进步起到了重要的作用。文圣常教授通过研究当时流行的能量平衡法和谱方法，导出了“文氏风浪谱”，该风浪谱方法对海浪理论的发展有着重要的意义与价值。王伯民等通过对青岛波浪模拟的结果分析，叙述了风速风场数据的确定方法，讨论了气压场分布的规律，并对所推算的结果进行了验证，结果表明符合较好。隋世峰等人通过对台风预报的数值模型研究，提出了 CHGS 方法。该方法通过引入风浪传播速度与引起风浪的风速之比——平均波龄，对台风浪模拟时可描述风浪成长程度，获得了不错的模拟效果。王文质等人则在海浪数值预报研究的基础上，提出了 BSCS 方法，该方法在计算沿海地区台风浪时，得到了较为合理的结果。高全多通过耦合离散的方法，设计了一种海浪数值预报模式，将该模式应用于南海的台风浪模拟中，发现对于南海台风浪该模式有良好的模拟效果。

在我国第七个五年科技攻关计划中，文圣常院士等通过对海浪数值模式的研究，引入风浪经验公式，设计了一种混合型的新模式，推动了海浪数值模式的发展。袁业立院士等人在国外海浪模式的基础上进行了改进与创新，开发了基于 WAM 模式的海浪模式。尹宝树等提出了 YW-SWP 、海浪数值预报模型，该模型对于模拟台风过程和寒潮过程具有良好的效果，同时引入了基于 WAM 模式的新型海浪模式。该模式考虑了水深变化下造成的波浪耗散作用，使得该模式在近岸地区模拟效果有了更好的适用性。

随着我国海浪理论研究的深入和数值模拟手段的发展，近年来 SWAN 模式和 WAVEWATCH-Ⅲ模式(简称 WWⅢ模式)等第三代海浪模式在我国海浪研究上得到了广泛的应用。齐义泉等人利用 WWⅢ模式，计算出南海的波高数据，将所得到的结果与卫星数据进行对比，结果表明对南海海域具有较好的适用性。胡克林等应用第三代海浪模式 SWAN，对江苏沿海海域长江口附近的台风浪进行了模拟，结果表明该模式对所模拟的地区有较好的适用性。徐福敏等人则利用 SWAN 模式对海安湾的波浪情况进行了数值模拟，得出了波高周期分布的一些规律，模拟的效果很好。赵鑫等通过对一场台风进行数值模拟研究，发现模拟的结果与实测资料符合良好，说明 SWAN 模式能够较好模拟浙江沿海的波浪。李燕等人利用 MM5 风场资料模拟出相应风场数据，并作为结果输入 SWAN 模式的计算中，对大连沿海及黄渤海域的波浪进行了模拟预报；李燕等人还对台风“麦莎”进行了数值模拟研究，结果表明 SWAN 模式对黄渤海海域的台风浪模拟效果很好。

1.2.2 系泊船舶运动响应

对于系泊在码头水域的船舶而言,其缆绳的系缆力不仅与风、潮流、波浪等外部环境因素有关,还与船舶类型、船舶尺度、船舶载重量、缆绳种类、护舷规格与材料、系缆布置方式、码头前沿水深及水位等一系列因素相关,实质为外部动力—船舶—系缆与防护系统—码头结构之间的相互作用问题。当海况恶劣时,通常会伴有强风和急流,外部环境荷载变化剧烈,船舶6个自由度运动(升沉、纵荡、横荡、艏摇、横摇、纵摇)的幅度较大,此时易发生船舶受损、缆绳断裂和护舷系统破坏等事故。对系泊系统在恶劣气象条件下计算分析时,仅考虑外部环境荷载对船舶的作用是不足的,需要综合考虑缆绳和护舷材料受力的非线性、各根绳的张紧与松弛、护舷的接触情况等因素,而这些因素对系泊分析造成很大困难。

目前,国内外针对具有隐蔽条件的半开敞水域的系泊安全研究较多,采用的方法通常为现场观测、物模试验和数值模拟计算。

通常认为,船舶码头系泊的主要元素可以看作以下几个部分:码头、护舷、系泊缆、系泊结构物(船舶或者平台)、环境荷载。以上几个因素相互影响,相互作用,最终决定系泊的结果。船舶码头系泊的研究内容大致可以体现在以下几个方面:

(1)船舶等码头系泊结构物受到的风荷载、流荷载、平均波浪荷载等外部施加的静态荷载;

(2)船舶等码头系泊结构物在受到外荷载作用下的相应运动响应,包含波浪对船舶作用引起的动态运动响应以及静态的位移变化;

(3)码头系泊相关缆绳的力学方程的求解方式;

(4)码头的结构及分布方式对船舶的水动力性能的影响;

(5)如何优化设计分布系泊缆绳,使得系泊系统更加稳定可靠;

(6)码头护舷受到船舶的挤压力和冲击力研究;

(7)码头本身结构强度及其抗撞击、抗疲劳分析;

(8)相关船舶等系泊结构物在系泊状态时的结构受力、疲劳分析等。

对于风荷载的计算最为准确的方式莫过于风洞试验,由于风洞试验的成本很高,耗时很长,无法大范围推广使用。所以相关研究人员研究并提出了其他的计算风荷载的方法。例如,Isherwood 整理并对现有的试验数据进行回归分析,采用一种求解回归方程的方法来求解风荷载系数,此过程需要将船舶相关的特征参数导入到回归方程;在实际情况下风速其实随着海拔的升高而发生变化,呈现一种剖面的变化,通常采用指数或者对数风剖面,Goula 考虑了风剖面的影响,进而将风压中心位置和相对风速考虑进计算,分析并讨论了两者对风荷载系数计算的影响;实际海洋的风速不仅是随高度不同而变化，风速也是不均匀的，Blendermann 基于对试验数据的分析，提出了一种全新的在非均匀风速下，船舶风荷载计算方法，将非均匀风对物体的影响通过有效动态风压来表示。石油公司国际海事论坛（Oil Company Intemational Marine Forum，OCIMF）的出版物中提到的经验计算方法也可以大致估算结构物的风荷载，Haddara 等人将 OCIMF 的计算结果与前两位的进行对比，并结合分析 Blendermann 的模型试验结果。对比结果表明 3 种计算方法相比试验结果并没有太好的吻合。最终 Haddara 提出一种运用神经网络算法分析试验模型的结果的方法，结合相关参数的对比分析，最终得到了比较可靠的结果。

流荷载也是船舶等系泊结构物在码头系泊时受到重要外荷载之一。流荷载与风荷载有许多相似之处，与风荷载略有不同的是，流荷载要考虑浅水效应的影响。浅水效应具体体现在船底和码头底部海底之间的距离大小，距离大小不同会对流荷载的大小产生很大影响，OCIMF 的系泊设备指南 MEG3（Mooring Equipment Guidelines 3rd Edition）对此有详细的说明。按照惯例，大多数码头基本都按平行于来流的方向进行建造，避免码头系泊的结构物受到的流荷载过大。通常即使来流的方向与船舶只有 5°～10°也会产生巨大的力，增加系泊系统的压力。

当前系泊状态主要受到风、浪、流三种荷载，按照静力计算方式或者采用经验公式可以对风、流荷载进行估算和确定，但是波浪力比较特殊，是其中唯一的动荷载，码头系泊的动态船舶运动特性可以看作波浪与结构物的相互作用。波浪力在早期的研究中往往简化为平均波浪力或者等效波浪力，在考虑风荷载和流荷载的叠加后，大多采用静态、准静态方法进行实际的缆绳受力、护舷受力计算，并没有考虑到波浪的动态属性。系泊缆绳的张力计算需要遵循一定的计算准则，在 20 世纪 80 年代左右，Chemjawski、Michaell 提出了一种解析方法来计算船舶系泊缆张力。求解的方法有以下几个重要步骤：

(1)通过计算确定设定的方向船舶承受的风、流和等效静波浪力；

(2)计算求得由船舶横摇、纵摇、垂荡运动引发的垂直方向静回复力；

(3)用系泊缆绳本身属性如长度、横截面面积、方向角度、弹性模量（非线性）等属性作为基础，计算求出系泊缆绳的刚度矩阵；

(4)最后一个步骤，求出整个系泊系统的总的刚度矩阵，采取提高荷载大小的方式进行迭代计算，从而求得每个缆绳的张力值。

根据以上计算规则 Natarajan、Ganapathy 等人，编写了计算程序 Shipmoor，用来计算码头系泊，将计算所得结果与相关试验进行对比，发现在外界自然条件相对并不十分恶劣时结果比较接近真实值。

国内研究机构相关专家针对不同的环境荷载下系泊缆绳的受力和系泊物体的

运动进行了相似的研究。例如,向溢、谭家华在参考国外研究结果的基础上简化了相关的缆绳张力计算数学模型,忽略波浪激振力,将风、流的力看作静力来处理,其值由经验公式得出,最后利用蒙特卡罗数值方法和混沌方法求解关于系泊船舶的超静定静力平衡方程。计算中数学模型用经验公式求得波浪力,采用线性护舷作用力、缆绳静张力,类似商业软件 Optimoor 的效果,仅适用于波浪较小的码头船舶系泊。在此基础上杨启、李臻采用了效率更高的模矢搜索法来求解系泊缆张力。以上三种方法都是针对缆绳受力平衡方程寻找最优解,对此要将非线性方程组转化成为最优化问题。由于模型试验的局限性,仅能针对小风浪有较好的解释,使用静态或者准静态的方法,无法充分考虑船舶以及系泊缆的动态响应。由于 Optimoor 等模型并没有加入波浪对船舶运动及缆绳张力的影响,相关研究者建立了时域模型来解决问题:参考船舶系泊时的运动方程和有关的国际通用计算公式,邹志利等研究了风、浪、流联合作用下船舶系泊的缆绳受力,分析了不同水位、不同风浪流角度对缆绳受力的影响。得到下列结论:

(1)码头附近海域潮位较高时,系泊缆绳的受力会稍大,但增大比例并不高,所以水位对系缆力影响不大。

(2)缆绳受力在风、浪、流同时同向作用时产生的力最大。

(3)船舶压载时候的运动幅度大于满载时候,相应的缆绳受力也更大。

除了考虑上述问题,二阶平均波浪漂移力也会对系泊船舶运动和缆绳受力有很大的影响,同理护舷的碰撞力也需要在这种条件下进行重新研究,相关学者还针对水位、风浪流来向等外部环境因素对缆绳张力和碰撞力的影响进行了相关研究。由于经济发展的需要,船舶制造技术目前不断发展,船舶建造数量在增加,单船吨位也在增加,这就造成了新的船舶结构物必然会受到更大的环境荷载作用。国内码头的数量及空间范围有限,许多码头比较浅,这就造成了许多船舶等浮式结构物必须停靠在开阔的水域,一旦停靠在开阔水域,船舶必然会受到更大的风浪影响。因此针对码头系泊在波浪作用下的动态响应研究变得十分重要。

开敞式码头前船舶系泊的问题可以看作波浪荷载和系泊结构物之间的相互作用。解决这种波浪和系泊结构物数值计算方法有许多种,比如有限元法、边界元法、有限差分法和无网格法。这其中由于边界元法可以降低问题维度,可使相近维度方程组未知数成指数方式减少,可以节省计算时间降低存储空间,因而被广泛使用。系泊船舶等浮式结构物在开阔水域系泊时,其运动具有很强的非线性,频域方法范围内的求解已经无法解决问题,要用时域方法来解决问题。时域方法包含直接时域、间接时域两种方法。直接时域法包括使用简单格林函数配合摄动展开理论建立的简单格林函数法,是由 Cheung 和 Isaacson 等提出来的;另外一种方法是由 Beck、Lin 和 Yue 提出的满足自由表面条件的格林函数法。针对自由水面格林函数进行时空求导,刘应中提出了满足有限及无限水深条件的时域积分方程。由于计算量过于巨大,虽然目前有完全非线性数值波浪水槽的方法,但考虑到计算时间和可行性,相关研究还是以间接时域法为主。Commins 在 1962 年提出可利用时延函数计算船舶运动的间接时域方法,利用傅立叶变换将频域下的波浪激振力、附加质量、辐射阻尼转换为时域下的波浪力、附加质量、迟滞函数,最终结合时域运动方程确定系泊物体的运动和系泊系统的内部应力。欧洲国家有关研究人员在 20 世纪 70 年代中期首先利用此方法计算码头系泊物体的动态响应,设计数学模型模拟码头前系泊船舶的运动、缆绳和护舷力;Oortmerssen 在 1976 年完成的博士论文中进行了相关研究,并在 1979 年的报告中,详细阐述了利用 Commins 的方法首次建立了波浪荷载作用下系泊船运动响应的数学模型,和相关试验结果进行了对比。随后他带领其团队编写并改善了 Moorsim 程序。该程序较为详细地考虑了波浪对船舶运动荷载和响应的影响,考虑加入了一阶波浪力、低频慢漂力、黏性阻尼(例如横摇阻尼)、相关黏性参数来计算船舶运动。依靠求解船舶时域运动方程来分析船舶与系泊缆、护舷之间的耦合作用。在长周期大幅度的涌浪作用下,计算结果与试验结果较为一致。Wichers J E W 利用间接时域法研究了船舶在单点系泊,并受到风浪流联合作用状态下的运动响应。在以上学者的研究工作之后,Mol 和 Molen 等通过对实际船舶测量数据和数值仿真计算结果进行回归分析,设法在初期的码头系泊系统设置方面找到一种行之有效的系泊方式,借此来大致估算系泊船舶的运动、缆绳的受力,避免许多关键参数的不确定性带来的麻烦。Hiraishilz、Nowgu 在 20 世纪 90 年代末研究了短周期波群间非线性作用导致长周期波浪产生的现象,结果分析表明,该长周期的波浪引起了船舶在纵荡方面的共振,最终导致船舶长周期大幅度的运动。Sakakiba 等则发现了一种长周期运动,是横浪所导致的系泊船舶横摇共振引起的。杨启等对系泊船舶缆绳和护舷的受力进行数学建模,通过对系泊船舶的受力情况进行分析,建立了船舶系泊评价函数,并利用模矢搜索方法对船舶系泊评价函数的求解过程进行合理优化,通过与蒙特卡洛算法结果进行对比,经验证所提出的数学模型和模矢搜索方法的优化结果是合理准确的。向溢等通过改变风浪流方向、风流速度、波高等条件,进行了多组开敞式水域系泊模型对照试验,对试验结果进行分析后得出以下结论:①缆绳张力大小的影响程度依次为流向、波高、流速、风向与波浪方向、风速;②系泊船舶所受的外力主要由横缆承受,其可能的原因是横缆长度相对较短。李焱等以某 25 万吨级矿石码头工程为例,在考虑浪流作用的情况下,对系泊船缆绳张力和撞击力进行试验,结果表明,在水流单一作用时,其对船舶的作用大小与船舶的装载量相关,在确定大型泊位的设计船舶荷载时应充分考虑水流的作用力。李臻等针对一艘17.5万吨散货船设置大风浪系泊模型试验,主要讨论了吹拢风和吹开风对系泊的影响,通过改变风浪流大小及风向角度,研究出缆绳张力变化的一般规律及船舶吃水对缆绳受力的影响。张日向等通过模型试验对5000吨级油轮靠泊某采油平台进行了研究,试验结果表明,缆绳张力的控制工况为吹开风、波浪入射90°和横流共同作用时的外部动力工况。刘必劲等将物理模型试验与理论相结合,通过分析波高、周期、水深等要素对船舶撞击能量的影响,提出经验公式解析式,利用大量的模型试验数据对附加质量系数进行确定,进而提出系泊船舶撞击能量公式,并用算例验证了公式的合理性。

综上所述,国内外对于有遮蔽条件的半开敞水域船舶系泊安全研究,主要采用了物理模型试验和数值模拟计算相结合的方法;对于开敞水域的系泊研究,则多采用物理模型试验。

1.2.3 作业标准的相关研究

无论是港内水动力条件的研究还是船舶运动响应的研究,都是为系泊船舶停靠码头时安全装卸作业提供技术支撑和理论指导。而判断是否可以作业的标准各国家也有相应的规定。

1990—1994年国际航运协会(PIANC)组织十几个国家的多名专家组成工作小组,专门研究了港口系泊船舶的运动量,对船舶安全作业所允许的船舶运动量范围建立了一个推荐标准,如表1-1所示。

国际航运协会不同船舶安全作业推荐允许运动范围标准(PIANC,1995) 表1-1

<table>
<tr><th rowspan="2">船 型</th><th rowspan="2">装卸设备</th><th colspan="6">允许运动量</th></tr>
<tr><th>纵移(m)</th><th>横移(m)</th><th>升沉(m)</th><th>回转(°)</th><th>纵摇(°)</th><th>横摇(°)</th></tr>
<tr><td rowspan="3">渔船10~3000 GRT(容积吨)</td><td>起重机</td><td>0.15</td><td>0.15</td><td rowspan="3">0.4</td><td rowspan="3">3</td><td rowspan="3">3</td><td rowspan="3">3</td></tr>
<tr><td>提升设备</td><td>1.0</td><td>1.0</td></tr>
<tr><td>吸泵</td><td>2.0</td><td>1.2</td></tr>
<tr><td rowspan="2">近海货船<10000 DWT(载重吨)</td><td>船机</td><td>1.0</td><td>1.2</td><td>0.6</td><td>1</td><td>1</td><td>2</td></tr>
<tr><td>装卸船</td><td>1.0</td><td>1.2</td><td>0.8</td><td>2</td><td>1</td><td>3</td></tr>
<tr><td rowspan="4">渡轮
滚装船</td><td>侧向跳板</td><td>0.6</td><td>0.6</td><td>0.6</td><td>1</td><td>1</td><td>2</td></tr>
<tr><td>首、尾跳板</td><td>0.8</td><td>0.6</td><td>0.8</td><td>1</td><td>1</td><td>4</td></tr>
<tr><td>Linkspan(引桥)</td><td>0.4</td><td>0.6</td><td>0.8</td><td>3</td><td>2</td><td>4</td></tr>
<tr><td>钢轨滑道</td><td>0.1</td><td>0.1</td><td>0.4</td><td>—</td><td>1</td><td>1</td></tr>
</table>

续上表

船　型	装卸设备	允许运动量					
		纵移(m)	横移(m)	升沉(m)	回转(°)	纵摇(°)	横摇(°)
杂货船	—	2.0	1.5	1.0	3	2	5
集装箱船	100%效率	1.0	0.6	0.8	1	1	3
	50%效率	2.0	1.2	1.2	1.5	2	6
散船	抓斗卸船机	2.0	1.0	1.0	2	2	6
	连续卸船机	1.0	0.5	1.0	2	2	2
	装船机	5.0	2.5		3		
油船	装卸臂	3.0	3.0				
液化气船	装卸臂	2.0	2.0		2	2	2

注:1.横移为0m至最大值,其他均为正负最大值。

2.在开敞水域,油船装卸臂允许最大纵移5m。

日本在其最新《港口设施技术标准·解说》中分列了不同船舶安全作业所允许的船舶运动范围,如表1-2所示。挪威、国际港口协会也提出不同类型船舶装卸时所允许的运动范围,分别见表1-3、表1-4。

不同装卸工艺船舶所允许的运动范围　　表1-2

船舶种类	纵移(m)	横移(m)	升沉(m)	回转(°)	纵摇(°)	横摇(°)
一般货物运输船	±1.0	±0.75	±0.5	±1.5	±1.0	±2.5
杂货运输船	±1.0	±0.5	±0.5	±1.0	±1.0	±1.0
矿石运输船	±1.0	±1.0	±0.5	±1.0	±1.0	±3.0
油船(外航)	±1.5	±0.75	±0.5	±2.0	±2.0	±4.0
油船(内航)	±1.0	±0.75	±0.5	±1.5	±1.5	±3.0
集装箱船	±0.5	±0.3	±0.3	±0.5	±0.5	±1.5
渡轮、集装箱船、汽车运输船	±0.3	0.6	±0.3	±0.5	±0.5	±1.0

挪威提出的不同类型船舶装卸时所允许的运动范围　　表1-3

船　型	纵移(m)	横移(m)	升沉(m)	纵摇(°)	横摇(°)
油船	±2.3	±1.0	±0.5	±4.0	±3.0
矿石船(抓斗装卸)	±1.5	±0.5	±0.5	±4.0	±2.0
滚装船(侧向跳板)	±0.5	±0.3	±0.3	±3.0	±2.0

续上表

船型	纵移(m)	横移(m)	升沉(m)	纵摇(°)	横摇(°)
滚装船(尾斜跳板)	±0.2	±0.2	±0.1	0	0
滚装船(首或尾直跳板)	±0.1	0	±0.1	0	0
杂货船	±0.1	±0.1	0	0	0
液化天然气	±0.1	±0.5	±0.5	±3.0	±2.0

国际港口协会提出的散货船和集装箱船安全装卸时所允许的运动范围 表1-4

船型	纵移(m)	横移(m)	升沉(m)	纵摇(°)	横摇(°)
散货船	±1.5	±1.0	±0.5	±3.0	±3.0
集装箱船	±0.5	±1.0	±0.5	±2.0	±2.0

Per Bruun 在 *Port Engineering* 中提出了船长大于200m的大型船舶在长周期波作用下装卸时,船舶摆动周期60~120s的情况下,其允许的最大位移量,如表1-5所示。英国海工规范采用了与国际航运协会推荐标准基本类似的船舶允许的运动范围,如表1-6所示。

Per Bruun 提出不用类型船舶装卸时所允许的运动范围 表1-5

船型	允许运动量				附注
	纵移(m)	横移(m)	升沉(m)	回转(°)	
油船	±2.0	+0.5(离码头)	±0.5	1	重点关注纵移、横移和升沉运动幅值
散装矿石船(起重机装卸)	±1.5	+1.0(离码头)	±0.5	1~2(不重要)	重点关注纵移、横移和升沉运动幅值
散粮船	±0.5	+0.5(离码头)	0	1~2(不重要)	重点关注纵移和横移运动幅值
液化天然气船	非常小	非常小	非常小	非常小	各个自由度的运动要求均比较严格
集装箱船	±0.2	±0.3(离码头)	±0.3	—	
滚装船(尾斜跳板)	±0.3	±0.2(离码头)	±0.1	—	为了使操作最有效,全部运动均须停止
滚装船(首尾跳板)	±0.1	0	0.1	—	

英国海工规范中不同装卸工艺船舶所允许的运动范围 表1-6

船型	装卸设备	允许运动量					
		纵移(m)	横移(m)	升沉(m)	回转(°)	纵摇(°)	横摇(°)
渔船 10~3000 GRT	起重机	0.15	0.15	0.4	3	3	3
	提升设备	1.0	1.0				
	吸泵	2.0	1.0				
近海货船 <10000 DWT	船机	1.0	1.2	0.6	1	1	2
	装卸桥	1.0	1.2	0.8	2	1	3
渡轮、滚装船	侧向跳板	0.6	0.6	0.6	1	1	2
	首、尾跳板	0.8	0.6	0.8	1	1	4
	Linkspan	0.4	0.6	0.8	3	2	4
	钢轨滑道	0.1	0.1	0.4		1	1
杂货船		2.0	1.5	1.0	3	2	5
集装箱船	100%效率	1.0	0.6	0.8	1	1	3
	50%效率	2.0	1.2	1.2	1.5	2	6
散货船	抓斗卸船机	2.0	1.0	1.0	2	2	6
	连续卸船机	1.0	0.5	1.0	2	2	2
	装船机	5.0	2.5		3		
油船	装卸臂	0.5 2.0	0.5~2.0				
液化气船	装卸臂	0.5	0.5				

美国军方在其 *Unified Facllities Criteria* (*UFC*) *Design*:*Moorings* 中则直接引用了国际航运协会推荐标准(同表1-1的标准)。

我国则在上述基础上,于2009年系统性开展了以船舶运动量表示的作业标准专题研究,确定了适合于我国实际情况的大型码头船舶运动量作业标准。我国之前的规范中,针对波浪周期不超过8s的条件,针对不同吨位的船舶给出了不同的作业波高和系泊波高。但在《海港总体设计规范》(JTS 165—2013)中,针对船舶装卸作业标准的规定又增加了六自由度运动分量的限值规定。我国不同类型船舶安全作业推荐允许运动范围标准见表1-7。

我国不同类型船舶安全作业推荐允许运动范围标准 表1-7

船 型	装卸设备	允许运动量					
		纵移(m)	横移(m)	升沉(m)	回转(°)	纵摇(°)	横摇(°)
近海货船 <10000 DWT	船机	1.0	1.2	0.6	1	1	2
	装卸桥	1.0	1.2	0.8	2	1	3
渡轮滚装船	侧向跳板	0.6	0.6	0.6	1	1	2
	艏、艉跳板	0.8	0.6	0.8	1	1	4
	联系桥	0.4	0.6	0.8	3.0	2.0	4.0
	钢轨滑道	0.1	0.1	0.4	—	1.0	1.0
杂货船	—	2.0	1.5	1.0	3.0	2.0	5.0
集装箱船	100%效率	1.0	0.6	0.8	1.0	1.0	3.0
	50%效率	2.0	1.2	1.2	1.5	2.0	6.0
散货船	抓斗卸船机	2.0	1.0	1.0	2.0	2.0	6.0
	连续卸船机	1.0	0.5	1.0	2.0	2.0	2.0
	装船机	5.0	2.5	—	3.0	—	—
油船	装卸臂	0.5~2.0	0.5~2.0	—	—	—	—
液化气船	装卸臂	2.0	2.0	—	2.0	2.0	2.0

可见,由于不同类型船舶以及装卸工艺设备,其对应的可允许运动量是不同的,根据运动量来判断不同周期对应的允许作业波高是更为科学和合理的。

1.3 本书研究的总体思路及创新性

1.3.1 研究总体思路

由于大型开敞式码头多靠近外海,且没有掩护,受波浪影响较大,因此本研究通过技术手段对影响船舶安全生产的波浪等作业条件进行预报、预警,主要实现涌浪等船舶作业条件信息未来72h内短期预测,未来7天长期趋势性预警,对在港船舶作业的海洋条件进行数值模拟预报和科学评估;并考虑系泊缆绳、碰撞护舷的非线性影响,模拟系泊船舶的非线性动力响应,从而对船舶作业条件进行评估预测,指导码头安全作业生产和合理调度。具体工作思路如下:

首先基于能谱的波浪模式采用不同的参数化方案订正,考虑非对称性联合风场为驱动场、白浪破碎、近岸浅水地形波浪破碎等物理过程系统模拟中国过去50年的大风及大风浪过程，建立适用于中国沿海港口的大风及大风浪数据库。基于中国沿海长期的实测风浪、再分析风浪数据，建立中国海域港口风浪预报模型，实现中国沿海海域31个港口的72h逐时海浪预报功能。

再次考虑系泊船舶、缆绳、护舷等作用的相互耦合影响，在时域内得到风浪流联合作用下船舶的六自由度运动响应、系缆力和撞击力；基于大量数值模拟和实验室物理模型试验数据，建立船舶动力响应预报数据库，采用智能神经网络算法实现在预报波浪下船舶动力响应的实时预报。

基于不同浪向、不同周期的波浪对应的允许作业波高，与波浪时间序列资料结合，改进了码头的不可作业天数和最大连续不可作业天数统计方法，更为准确地分析了作业条件，为港口的安全作业提供技术支撑。

1.3.2 本书创新性

(1)基于现场实测风速数据及美国海洋及大气管理局(NOAA)预报风速数据建立风速修正关系，考虑中国海域的大风过程得到工程海域未来3天逐时风速预报数据。采用国际先进能谱波浪模式，以预报风速及修正的大风场为模型驱动场，考虑白浪破碎、近岸精细化浅水地形作用，建立大尺度海域波浪模型及工程海域精细化海浪数值模型，对工程海域的风浪进行未来3天的逐时预报。

(2)开发了船舶在风浪流联合作用下的时域运动分析模型，建立了基于神经网络算法的快速预报方法，集成了数值模拟计算结果和物理模型试验结果形成的海量数据，实现了对船舶运动量、系缆力及护舷撞击力数值的快速预报。其中考虑了船舶不同装载和不同波浪周期的影响，并考虑了360°全方向下的风向和浪向作用。

(3)改进了码头的不可作业天数和最大连续不可作业天数统计方法，基于不同浪向、不同周期的波浪对应的允许作业波高，与波浪时间序列资料结合，更为准确地分析了作业条件，提高了大型开敞式码头在恶劣季节的作业保证率。

(4)除针对单船系泊码头的运动响应进行模拟预报，还针对双船并靠码头时水动力间相互干扰的复杂情况进行了研究，建立了双船并靠系泊的动力响应预报数据库，针对不同波向、不同周期，给出双船并靠系泊安全作业的推荐波高。

第 2 章　波浪预报模拟技术与方法

2.1　不同强迫驱动下海浪模拟技术

SWAN (Simulating Waves Nearshore)模式是由荷兰 Delft 技术大学(Delft University of Technology)研制开发的第三代近岸浅水海浪数值计算模式,经过多年的改进,已经逐渐趋于成熟。SWAN 模式是专为浅水海浪模拟开发的数值模式,目前已被广泛应用于水库、河口、港口工程等海浪模拟;美国海军推荐其作为主要模式用于军事目的的海浪模拟。本项目需求之一是尽可能了解台风天气条件下海峡区域的波浪状况,为有针对性的海上活动提供海洋环境保障。故本项目选取使用 SWAN 海浪模式。

SWAN 模式采用基于能量守恒原理的平衡方程,除了考虑第三代海浪模式共有的特点,它还充分考虑了模式在浅水模拟的各种需要。首先 SWAN 模式选用全隐式的有限差分格式,无条件稳定,使计算空间网格和时间步长上不会受到牵制;其次在平衡方程的各源项中,除了风输入项、四波相互作用项、破碎项和摩擦项等,还考虑了深度破碎(Depth-induced wave breaking)的作用、三波相互作用和波浪绕射作用。

在考虑有流场影响时,谱能量密度不守恒,但波作用量 $N(\sigma,\theta)$[能量密度 $E(\sigma,\theta)$ 与相对波频率 σ 之比]守恒。波作用量随时间、空间而变化,在笛卡尔坐标系下,波作用量 $N(\sigma,\theta)$ 平衡方程可表示为:

$$\frac{\partial}{\partial t}N + \frac{\partial}{\partial x}C_x N + \frac{\partial}{\partial y}C_y N + \frac{\partial}{\partial \sigma}C_\sigma N + \frac{\partial}{\partial \theta}C_\theta N = \frac{S}{\sigma} \tag{2-1}$$

上式:左边第一项为 N 随时间的变化率;第二项和第三项表示 N 在空间 x 和 y 方向上的传播;第四项表示由于流场和水深所引起的 N 在 σ 空间的变化;第五项表示 N 在 θ 空间的传播,即水深及流场所引起的折射;方程右边的 S 代表以谱密度表示的源项,包括风能输入、波与波之间非线性相互作用和由于底摩擦、白浪、破碎等引起的能量损耗;C_x、C_y、C_σ 和 C_θ 分别代表在 x、y、σ 和 θ 空间的波浪传播速度。

平衡方程的右端源项可表示为:

$$S = S_{\mathrm{wind}(\sigma,\theta)} + S_{\mathrm{ds}} + S_{\mathrm{nl}} \tag{2-2}$$

式中，$S_{wind(\sigma,\theta)}$、S_{ds}、S_{nl}分别为风输入项、耗散项、非线性波—波相互作用项。这几个源项所代表的物理机制并不是影响风浪成长演变的全部物理机制，但显然是影响波浪能量传递的主要机制。从应用角度来看，在现有的理论范围内，通过合理调整公式和参数，利用这些机制无疑能较好地描述波浪的成长演变。

2.1.1 风能输入项

风能向波浪转移的机制，是一个极其复杂的过程，目前的认识和研究仍然是粗糙和不全面的。目前的风能输入模型，均是半理论半经验模型，虽说不能完整地反映风向波浪传递能量的过程，但是从模型应用角度来看，还是可信的。

有关波浪的成长机制，通常区分为空气湍动和波动共振机制所产生的线性成长和由于波和风相互作用（反馈机制）引起的指数成长。线性成长仅适用于波浪成长的初期阶段，如果波浪成长起来，指数成长很快就起主要作用。

若用 $S_{wind}(\sigma,\theta)$ 代表风对浪的作用，则风输入源函数可表示为线性增长部分和指数增长部分，即：

$$S_{wind}(\sigma,\theta)=A+BE(\sigma,\theta)$$

式中，A 与 B 依赖于波的频率、方向以及风的大小和方向，系数 A、B 的选取直接影响海浪的模拟结果。

在 SWAN 模型中，系数 A 采用了 Cavaleri 与 Malanotte-Rizzoli 的表达式：

$$A=\frac{1.5\times10^{-3}}{g^2 2\pi}\{U_*\max[0,\cos(\theta-\theta_w)]\}^4 H \tag{2-3}$$

式中，U_* 为风的摩阻速度；θ_w 为风向；H 为滤波因子。滤波因子的存在避免了低于 Pierson-Moskowitz 谱峰频率部分的波浪成长过快。

对于风引起的指数成长，在 SWAN 模型中有两个表达式可以选用，第一种由 Komen（1984）等提出：

$$B=\max\left\{0,0.25\frac{\rho_a}{\rho_w}\left[28\frac{U_*}{C_{ph}}\cos(\theta-\theta_w)-1\right]\right\}\sigma \tag{2-4}$$

第二种基于准线性风浪理论，由 Janssen（1989，1991）提出，其表达式为：

$$B=\beta\frac{\rho_a}{\rho_w}\left(\frac{U_*}{C_{ph}}\right)^2\max\,[0,\cos(\theta-\theta_w)]^2\sigma \tag{2-5}$$

式中，C_{ph}表示相速度；ρ_a、ρ_w 分别表示大气和海水的密度；β 为 Miles 常数，可以通过无量纲临界高度来估计。

$$\beta=\frac{1.2}{\kappa^2}\lambda\ln^4\lambda\quad(\lambda\leqslant1) \tag{2-6}$$

$$\lambda = \frac{gZ_e}{C_{ph}^2}e^r \quad \left(r = \frac{\kappa C}{U_* \cos(\theta - \theta_w)}\right) \tag{2-7}$$

式中，κ 为卡曼常数，一般取 0.41；Z_e 称为有效海表面粗糙长度，依赖于粗糙长度及由于海表面波浪的存在而引起的波诱导应力和海表面风引起的湍流风应力。

因此，该方案综合考虑了包含海、气边界层及海面粗糙度在内的风、浪之间的相互作用。

2.1.2 耗散项

海浪成长、消亡过程中，耗散机制起着至关重要的作用。该模式主要考虑三种耗散机制：白浪耗散(white capping)、底摩擦作用(bottom friction)及深度诱导破碎(depth-induced breaking)所引起的能量耗散。

(1)白浪耗散($S_{ds,white}$)

风浪过程中，能量不断从风传递到波浪，风浪持续产生、成长，波高不断增大，这一过程一直进行到波浪变得不稳定并破碎。区别于浅滩上由于水深限制引起的波浪破碎，这一过程定义为白浪破碎，白浪破碎引起的耗散在海—气交换中起着重要作用。

白浪耗散的源函数最早由 Hasselmann 提出。为了使之能应用于有限水深，波浪模型开发和实施小组(WAMDI group)(1988)根据波陡重新确定了白浪耗散源函数的计算公式：

$$S_{ds,white}(\sigma,\theta) = -\Gamma\tilde{\sigma}\frac{k}{\tilde{k}}E(\sigma,\theta) \tag{2-8}$$

式中，$\tilde{\sigma}$、$\tilde{k}$ 分别表示平均频率和平均波数；Γ 是与波陡相关的系数，依赖于所有波的波陡，这个波陡系数由 WAMDI group 给出，基于 Janssen 的表达式，Gunther 等提出了其表达式：

$$\Gamma = \Gamma_{KJ} = C_{ds}\left[(1+\delta) + \delta\frac{k}{\tilde{k}}\right]\left(\frac{\tilde{S}}{\tilde{S}_{PM}}\right)^P \tag{2-9}$$

式中，$\tilde{S}$ 为总波陡；$\tilde{S}_{PM}$ 为对应于 P-M 谱的值；D_{ds}、δ、P 为可调系数，可通过闭合深水中理想化波浪成长条件下的波能平衡方程得出。

因此，系统 Γ 与风的输入公式有关。

对应于 Komen 风成长公式：$C_{ds} = 2.36 \times 10^{-5}$，$\delta = 0$，$P = 4$；对应于 Janssen 风成

长公式：$C_{ds}=4.1\times10^{-5}$，$\delta=0.5$，$P=4$。

关于白浪破碎的另一种表达形式是累积波陡，由 Alkyon 等提出，其认为由于白浪现象引起的耗散主要取决于低于某一特定频率波谱的波陡。

(2)底摩擦作用($S_{ds,bottom}$)

由于底部摩擦引起的波能耗散的源函数形式可写为：

$$S_{ds,bottom}=-C_{bottom}\frac{\sigma^2}{g^2\sinh^2(kd)}E(\sigma,\theta)\mathrm{d}\sigma\mathrm{d}\theta \tag{2-10}$$

式中，C_{bottom}为底摩擦系数。

在 SWAN 模式中，关于这个底摩擦系数的确定，根据 Jonswap 试验、Collins 的拖曳理论和 Madsen 的涡黏理论分别得到三种不同的计算方法。

①Jonswap 经验系数。根据 Jonswap 试验确定了 Jonswap 经验系数，其分别为：对于涌浪取 $0.038\mathrm{m^2/s^3}$，浅水中充分成长的波浪取 $0.067\mathrm{m^2/s^3}$。

②Collins 摩阻系数。根据传统的波周期公式，对随机波浪进行适当的参数修正，提出了底摩阻系数计算公式：$C_{bottom}=C_F gU_{rms}$，其中 $C_F=0.015$，U_{rms}为底部轨迹运动均方根速度。

③Madsen 等认为底摩阻系数是底部粗糙度与实际波浪条件的函数，导出了如下的公式：$C_{bottom}=f_w gU_{rms}/\sqrt{2}$，其中，$f_w$ 为无量纲摩阻系数，采用 Jonsson 公式进行估算：

$$\frac{1}{4\sqrt{f_w}}+\lg\left(\frac{1}{4\sqrt{f_w}}\right)=m_f+\lg\left(\frac{\alpha_b}{K_N}\right) \tag{2-11}$$

式中，K_N 为底部粗糙度；当 $\alpha_b/K_N<1.75$ 时，$f_w=0.30$；α_b 为近底水质点偏移振幅。

研究人员一般根据波浪的发展状态(成长或者充分发展)、波浪类型(风浪、涌浪与混合浪)来选择模型。SWAN 模式中的底摩擦模式主要针对具有沙质海底的陆架区，模式中默认采用 Jonswap 经验模型，并且取系数为 0.067。

2.1.3 深度诱导破碎

当波浪由深水向浅水传递时，水深变浅波浪发生变形并将产生破碎，这个过程对于沿岸的建筑物、港口码头、水流泥沙运动都具有很重要的影响。对于水深变化导致的波浪破碎过去知之甚少，很少应用于波浪的模拟。但是随着波浪理论的完善，研究者意识到波浪破碎对于波浪在近岸区域的演进具有比较重要的意义。而研究波浪破碎指标成为重要的课题。目前，有三种判断波浪破碎的指标：几何学指标、运动学指标、动力学指标。几何学指标物理意义比较明确，比较适合于工程中的应用,SWAN 模式判断波浪破碎也是采用几何学指标。

Battjes 和 Janssen 将基于涌潮的耗散模式应用于 SWAN 模式中来模式化此物理过程。单位时间内,每个谱分量由于浅水波浪破碎引起的耗散的源函数形式可写为:

$$S_{\mathrm{ds,breaking}}(\sigma,\theta)=D_{\mathrm{tot}}\frac{E(\sigma,\theta)}{E_{\mathrm{tot}}} \tag{2-12}$$

式中,E_{tot}为总能量;D_{tot}为波浪破碎引起的单位面积上波能耗散率,其表达式为 $D_{\mathrm{tot}}=\frac{E(\sigma,\theta)}{E_{\mathrm{tot}}}-\frac{1}{4}\alpha_{\mathrm{BJ}}Q_{\mathrm{b}}\left(\frac{\tilde{\sigma}}{2\pi}\right)H_{\mathrm{m}}^{2}$,由最大的破碎波高的确定。

Battjes 和 Stive 通过对大量的试验数据及现场资料的研究,认为在浅水区域不同类型的地貌,随机波的最大破碎波高 H_{m} 与水深 d 的关系可表示为 $H_{\mathrm{m}}=\gamma d$,其中 γ 为破碎系数。

波浪从风中获得能量后成长,其能量又在不同频率之间再分配。因此,波—波相互作用,是海浪生成、成长的重要机制。研究发现:在深水情形,四波共振相互作用控制着海浪波谱的发展,它把一部分能量从高频转移到低频,使峰频逐渐向低频移动;在浅水中,三波相互作用起主要作用,将低频的能量向高频转换。在近岸浅水区,由于海底地形复杂多变,因此一般须考虑三波和四波之间的相互作用。四波共振相互作用的计算较为复杂,SWAN 模式采用 Hasselmann(1985)所提出的方案,并用离散作用相互近似的方法(Discrete interaction approximation,DIA)的方法求解,而三波相互作用则根据 Eldeberky(1996)的方案获得并利用三坐标联合假设方法(Lumped Triad Approximation,LTA)的方法求解。

对四相波作用模拟的 DIA 方法中,在深水条件下,源项中的描述为:

$$S_{nl4}(\sigma,\theta)=S_{nl4}^{*}(\sigma,\theta)+S_{nl4}^{**}(\sigma,\theta) \tag{2-13}$$

$$S_{nl4}^{*}(\sigma,\theta)=2\delta S_{nl4}(\alpha_1\sigma,\theta)-\delta S_{nl4}(\alpha_2\sigma,\theta)-\delta S_{nl4}(\alpha_3\sigma,\theta) \tag{2-14}$$

式中,$S_{nl4}^{*}(\sigma,\theta)$、$S_{nl4}^{**}(\sigma,\theta)$分别表示第一次和第二次相互作用,且两者的表达式相同,但是方向互为镜向;$\alpha_1=1,\alpha_2=1+\lambda,\alpha_3=1-\lambda$,$\lambda$ 为常数,取 0.25。

$$\delta S_{nl4}(\alpha_i\sigma,\theta)=C_{nl4}(2\pi)^2g^{-4}\left(\frac{\sigma}{2\pi}\right)^{11}\left\{\begin{array}{l}E^2(\alpha_i\sigma,\theta)\left[\dfrac{E(\alpha_i\sigma^+,\theta)}{(1+\lambda)^4}+\dfrac{E(\alpha_i\sigma^-,\theta)}{(1+\lambda)^4}\right]\\-2\dfrac{E(\alpha_i\sigma,\theta)E(\alpha_i\sigma^+,\theta)E(\alpha_i\sigma^-,\theta)}{(1+\lambda)^4}\end{array}\right\},i=1,2,3 \tag{2-15}$$

式中,$C_{nl4}=3\times10^{7}$。在有限水深的条件下,四波相互作用的源函数表达式与深水情况下相差一个系数 R:

$$S_{nl4,\mathrm{finitedepth}}=R(k_{\mathrm{p}}d)S_{nl4,\mathrm{deepwater}} \tag{2-16}$$

$$R(k_p d) = 1 + \frac{c_{sh1}}{k_p d}(1 - c_{sh2} k_p d)\exp(1 - c_{sh3} k_p d) \tag{2-17}$$

式中，k_p 为依赖于 JONSWAP 谱的谱峰波的最大波数；$c_{sh1} = 5.5$；$c_{sh2} = 6/7$；$c_{sh3} = 1.25$。

三波—波相互作用进行计算时采用的是 LTA 方法。研究者在进行关于自由波在水下障碍物和封闭的海滩区上的破碎实验时，对此方法的适用性进行了验证。发现此方法相当成功描述了能量从谱峰到高次谐波的转移。DTA 方法的表达式：

$$S_{nl3}(\sigma,\theta) = S_{nl3}^{-}(\sigma,\theta) + S_{nl3}^{+}(\sigma,\theta) \tag{2-18}$$

$$S_{nl3}^{+}(\sigma,\theta) = \max\{0, \alpha_{EB} 2\pi c c_g J^2 |\sin\beta| [E^2(\sigma/2,\theta) - 2E(\sigma/2,\theta)E(\sigma,\theta)]\} \tag{2-19}$$

$$S_{nl3}^{-}(\sigma,\theta) = 2S_{nl3}^{+}(2\sigma,\theta) \tag{2-20}$$

$$J = \frac{k_{\sigma/2}^2(gd + C_{\sigma/2}^2)}{k_\sigma d\left(gd + \frac{2}{15}gd^3k_\sigma^2 - \frac{2}{5}\sigma^2 d^2\right)} \tag{2-21}$$

$$\beta = -\frac{2}{\pi} + \frac{2}{\pi}\text{th}\left(\frac{0.2}{U_r}\right) \tag{2-22}$$

式中，$U_r = gH_s\overline{T}^2/8\sqrt{2}\pi^2 d^2$，$\overline{T} = 2\pi/\overline{\sigma}$，当 $0.1 < U_r < 10$ 时才计算；α_{EB} 为可调的比例参数。

2.2 模式参数化方案的改进

2.2.1 风输入参数化方案的数值改进

针对风输入项和白浪破碎项不同方案设计试验，研究各个方案对波浪成长的影响，找出最适合黄渤海风浪模拟的计算形式，本次试验组合方案如表 2-1 所示。

风输入、白浪破碎计算方案表 表 2-1

参数化方案	风输入表达式	白浪破碎表达式
方案 1	Komen	Komen
方案 2	Janssen	Janssen
方案 3	Westhuysen	Westhuysen

试验结果见图 2-1，其中图 2-1a)、b)、c) 分别为 3 个试验模拟的波高分布图。采用误差统计方法，分别比较 54772 站和 54614 站在 3 个方案的有效波高和平均周期，结果见表 2-2 和表 2-3。

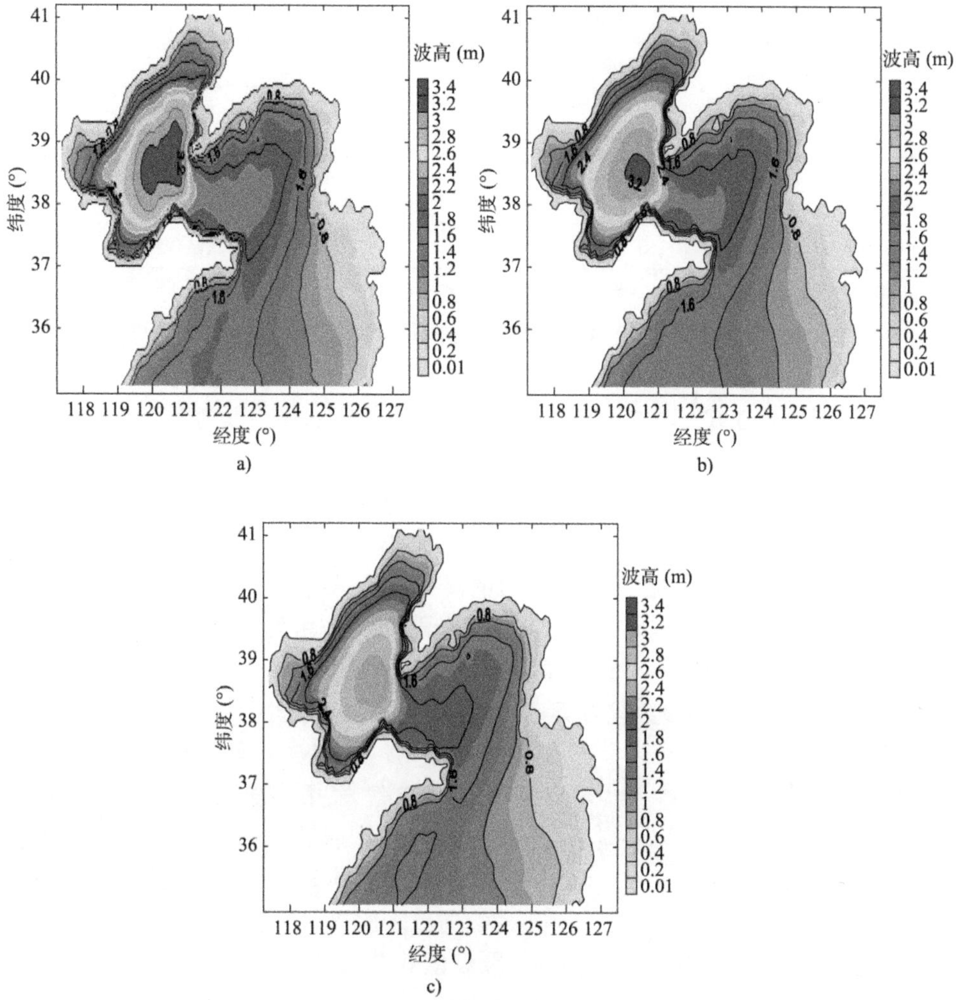

图 2-1　风输入指数增长对波高影响图

554772 站参数化方案统计结果比较　　　　表 2-2

参数化方案	有效波高			平均周期		
	RMES	E_c	Cor	RMES	E_c	Cor
Komen	0.4278	0.2736	0.8769	1.4657	0.2904	0.8618
Janssen	0.4866	0.3104	0.8759	1.4244	0.2669	0.8691
Westhuysen	0.4178	0.2673	0.8794	1.4819	0.2701	0.8604

注：REMS 为均方根误差，E_c 为平均相对误差，Cor 为相关系数。

54641 站参数化方案统计结果　　表 2-3

参数化方案	有效波高			平均周期		
	RMES	E_c	Cor	RMES	E_c	Cor
Komen	0.5300	0.5468	0.5329	1.9863	0.3549	0.6471
Janssen	0.5451	0.5616	0.5361	1.9346	0.4045	0.6421
Westhuysen	0.5220	0.5183	0.5519	1.9747	0.4124	0.6328

注：REMS 为均方根误差，E_c 为平均相对误差，Cor 为相关系数。

在表 2-2 和表 2-3 的波浪、周期特征量统计分析表中，54772 站的计算结果较 54641 站更准确些。54772 站 3 个方案的模拟有效波高与实测值的统计相关系数相差不大，都达到 0.87，均方根误差相差较大。其中，Janssen 方案下均方根误差约为 0.49，Komen 方案和 Westhuysen 方案的均方根误差分别约为 0.43、0.42。54772 站 3 个方案模拟平均周期与实测值统计相关系数差别不大，都达到 0.86，均方根误差最小为 1.93。54641 站有效波高和平均周期模拟结果与实测值的相关系数仅约为 0.53 和 0.63。相比之下，54641 站的模拟效果不理想。在 3 个参数方案计算结果统计分析中，Westhuysen 方案波高、周期误差最小，相关系数最大。因此，通过以上试验，确定 Westhuysen 参数方案为风输入指数增长项。

风输入指数增长的参数化方案确定为 Westhuysen 方案后，白浪耗散方案就相应地选 Westhuysen 方案。但研究海域渤海作为超浅海，采用多次数值试验，比较浅水区域 54641 站波高结果（图 2-2），初始模拟波高（单点画线离散点）比实况（离散点）偏大，通过多次数值试验，最终将破碎参数由预设值 0.73 调整为 0.4，改进后模拟波高（曲线）比改进前最大波高误差缩小近一半。

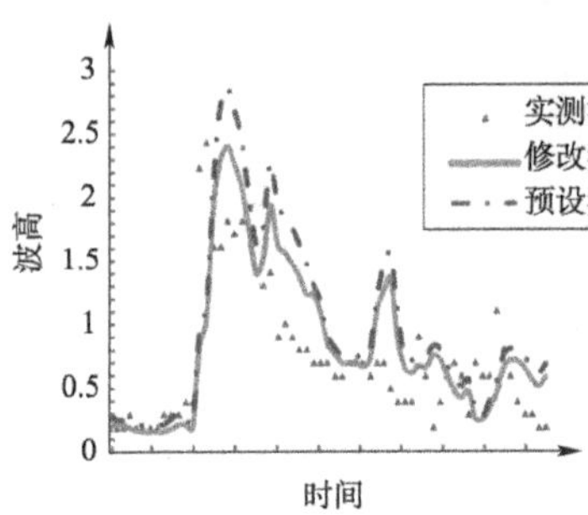

图 2-2　54641 站不同参数下波高

2.2.2　模式强迫场的改进

以中尺度大气模式（WRF 模式）提供外强迫风场，海浪模式选用 SWAN 模式，潮流模式采用自研发的潮流及风暴潮数值模拟模式，开展波流耦合数值试验。首先假设海水是不可压缩的，并仅限于正压海洋范围内即密度为常数的海洋。采用直角坐标系作为风暴潮运动的参考系，由于模型应用的渤海湾海域水平尺度上百公里，而垂直尺度仅在 10m 量级，流速在垂直方向的变化远小于水平方向上的变化，因此一般都近似采用沿水深方向积分取平均值，在上一节中已得到在风应力、波浪辐射应力作用下，沿水深积分平均的二维风暴潮数学模型的控制方程。

在平面二维简化过程中，通常采用以下基本假定和近似方法：

(1)均质不可压假定

海区水体受径流、盐度、温度、含沙量等影响，其密度略有变化，本书暂不考虑其密度变化，仍假定密度为常数。

(2)静水压假定

在海区浅水域，垂线加速度远小于重力加速度，因此在垂向动量方程中往往忽略垂向加速度而近似采用静水压强公式。

(3)Boussinesq 假定

将紊动应力类比于黏性应力建立起紊动应力与时均流速梯度之间的关系式：

$$-\rho \overline{u'_i u'_j} = \mu_i \left(\frac{\partial u_i}{\partial x_j} + \frac{\partial u_j}{\partial x_i} \right) \tag{2-23}$$

由此，得到二维风暴潮数学模型的基本方程为：

$$\frac{\partial \xi}{\partial t} + \frac{\partial}{\partial x}[(\xi + h)u] + \frac{\partial}{\partial y}[(\xi + h)v] = 0 \tag{2-24}$$

$$\frac{\partial u}{\partial t} + u\frac{\partial u}{\partial x} + v\frac{\partial u}{\partial y} - fv + g\frac{\partial \xi}{\partial x} + \frac{gu\sqrt{u^2+v^2}}{(\xi+h)C^2} - \frac{1}{\rho H}(\tau_{x,s} + F_x) = 0 \tag{2-25}$$

$$\frac{\partial v}{\partial t} + u\frac{\partial v}{\partial x} + v\frac{\partial v}{\partial y} + fu + g\frac{\partial \xi}{\partial y} + \frac{gv\sqrt{u^2+v^2}}{(\xi+h)C^2} - \frac{1}{\rho H}(\tau_{y,s} + F_y) = 0 \tag{2-26}$$

式中，$H = h + \xi$ 表示水深；f 为柯氏系数；g 为重力加速度；$\tau_{x,s}$、$\tau_{y,s}$ 分别为 x 和 y 方向的海面风应力；F_x、F_y 分别为 x、y 的波浪辐射应力梯度；C 是谢才系数。

进行“波—流”耦合与非耦合模式对海浪模拟的对比试验。为比较潮流强迫对风浪数值模拟的影响，利用 SWAN 模式及潮流模式计算所得的表层海浪和平均海流数据，将风场和流场耦合作为主要的能量输入项，加入 SWAN 模式海浪模拟计算中。模式取用 54641 和 54772 两个测站的计算结果进行验证。

对于非耦合和耦合模式(风场与表层流、风场与平均流)的计算比较，得出了以下结论：

在有效波高的计算结果上看，3 种计算方案结果没有特别明显的区别，主要原因可能是此计算时间段内的潮流流速不是很大所造成的。潮流项在本次计算模式中不起主要影响作用。

从平均周期的计算结果上看,在一些周期极值点处,考虑潮流作用下的方案一定程度上对模拟数值结果有一个抬高的效应。

从耦合形式上看,风场与表层流耦合同风场与平均流耦合无明显差别,风场驱动在与风场和潮流场同时驱动的比较中,却有一些差异。在选取的 5 天 60h 的时间范围内,潮流项虽然没有对数值产生显著影响,但是从有效波高的比较中可以看出,造成相位出现了一定的延迟,向着实测的波浪发展趋势靠近。

第 3 章　船舶系泊物理模型模拟试验技术与方法

长期以来,模型试验技术一直是解决工程复杂问题的重要手段,其主要包括物理模型和数学模型试验。物理模型试验是根据相似原理和相似准则,制造缩尺实物模型,以此模拟真实过程主要特征的试验方法。数学模型是指将现实问题归结为相应的数学问题,并在此基础上利用数学的概念、方法和理论进行深入的分析和研究,从而从定性或定量的角度来刻画实际问题,并为解决现实问题提供精确的数据或可靠的指导。

物理模型较直观,能较好地反映出客观实际所表现出的现象和规律,但其有投入大,周期长,并受模型缩尺影响等缺点。数学模型则投入小,周期短,但受理论方法和计算机性能的限制,在模拟方法上通常做了一些假设或概化。两种研究手段具有互补性。

船舶系泊物理模型试验须遵循《波浪模型试验规程》(JTJ/T 234—2001)和《海岸与河口潮流泥沙模拟技术规程》(JTS/T 231-2—2010)进行,并应符合港口工程相关规范的有关规定。

3.1　物理模型和船模的相似理论

采用物理模型试验来研究系泊船舶的运动和动力特性,必须遵守力学相似定律,即模型与原型应几何相似、运动相似和动力相似。满足了这些条件,就可将模型试验的结果换算到原型上。

(1)几何相似

指两物体间形状的相似,即模型与原型对应的线性尺度的比例为一定的数值,故几何相似的必要条件为:

$$\frac{l_p}{l_m} = \lambda \tag{3-1}$$

$$\frac{A_p}{A_m} = \lambda_A = \lambda^2 \tag{3-2}$$

$$\frac{W_p}{W_m} = \lambda_W = \lambda^3 \tag{3-3}$$

上式中，l、A、W 分别表示长度、面积及体积；下标 p 表示原型；下标 m 表示模型；λ 表示长度比值；λ_A 表示面积比值；λ_W 表示体积比值。

(2)运动相似

指两物体运动的相似，即模型与原型对应点上的速度值成同一比例。运动相似的必要条件为：

$$\frac{V_{p1}}{V_{m1}} = \frac{V_{p2}}{V_{m2}} = \cdots = \lambda_V = \frac{\lambda}{\lambda_t} \tag{3-4}$$

式中，V_p、V_m 分别表示原型和模型的速度；下标 1、2…表示不同对应点的位置；λ_v 为速度比尺；λ_t 为时间比尺。

(3)动力相似

$$\frac{F_{p1}}{F_{m1}} = \frac{F_{p2}}{F_{m2}} = \cdots = \lambda_F \tag{3-5}$$

式中，F_P、F_m 分别为作用在实船与模型对应点上的力；下标 1、2…表示不同对应点的位置；λ_F 为力比尺。

在港口及水利工程中，可能遇到的作用力包括重力、惯性力、黏性力、摩阻力、表面张力和弹性力等。在理论上，动力相似体系中要求所有这些对应的力的方向应相互平行、大小成同一比例，但在模型试验中满足全部的动力相似条件是困难的，同时并非所有的相似条件都有同等重要的意义。因此在满足试验的精度要求下，通常保证主要作用力相似条件即可。对于船舶系泊物理模型试验，由于黏性力等在试验中起次要作用，一般只保证重力相似和惯性力相似两个条件。

重力相似要满足 Froude 数 $F_r = \frac{V}{\sqrt{gl}}$ 相等，即：

$$\frac{V_p}{\sqrt{gl_p}} = \frac{V_m}{\sqrt{gl_m}} = F_r \tag{3-6}$$

式中，V_p、V_m 分别表示原型和模型的速度；l_p、l_m 分别表示原型和模型的长度；g 为重力加速度。

惯性力相似代表了不定常流动的相似条件，要求 Strouhal 数 $S_t = \frac{Vt}{l}$ 相等（对于船舶横摇，t 可以取横摇固有周期），即：

$$\frac{V_p t_p}{l_p} = \frac{V_m t_m}{l_m} = S_t \tag{3-7}$$

式中，V_p、V_m 分别表示原型和模型的速度；l_p、l_m 分别表示原型和模型的长度；t_p、t_m 分别表示原型和模型的时间。

由式(3-1)、式(3-6)和式(3-7)可得：

$$\frac{V_p}{V_m} = \sqrt{\frac{l_p}{l_m}} = \sqrt{\lambda} \tag{3-8}$$

$$\frac{t_p}{t_m} = \frac{V_m}{V_s} \cdot \frac{l_p}{l_m} = \sqrt{\lambda} \tag{3-9}$$

在力学相似条件下，当忽略船模与实船试验时所处水的密度差别时，可以得到船模与实船质量、质量惯性矩等的关系。

质量关系：

$$\frac{\Delta_p}{\Delta_m} = \frac{\rho_p W_p}{\rho_m W_m} = \frac{L_p^3}{L_m^3} = \lambda^3 \tag{3-10}$$

式中，Δ 表示质量；ρ 表示水的密度；W 表示水的体积；下标 p 表示原型，下标 m 表示模型。

质量惯性矩关系：

$$\frac{\Delta_p L_p^2}{\Delta_m L_m^2} = \lambda^5 \tag{3-11}$$

线加速度关系：

$$\frac{L_p}{t_p^2} : \frac{L_m}{t_m^2} = \frac{L_p}{L_m} \cdot \frac{t_m^2}{t_p^2} = 1 \tag{3-12}$$

同理，可以求出船舶系泊物理模型试验中其他物理量原型与模型的比值关系，见表3-1。表中线性尺度的比值不仅指几何相似规律所确定的外表尺度，而且也指波高、船舶重心坐标、稳心半径、初稳性高和船舶质量惯性半径等。

船舶系泊物理模型试验主要物理量比值关系　　表 3-1

名　称	比　尺	名　称	比　尺
线性尺度	λ	排水量	λ^3
面积	λ^2	角度	1
体积	λ^3	惯性矩	λ^5
线速度	$\lambda^{1/2}$	线加速度	1
时间(周期)	$\lambda^{1/2}$	角速度	$\lambda^{-1/2}$
频率	$\lambda^{-1/2}$	能量	λ^4
压强	λ	功率	$\lambda^{3.5}$
力	λ^3	动能、冲量	$\lambda^{3.5}$
流量	$\lambda^{5/2}$	动量矩	$\lambda^{4.5}$

3.2　缆绳和护舷的相似条件

由于系泊船舶所受到的系缆力和撞击力还受到缆绳和护舷本身弹性的影响，因此模型中还需考虑缆绳和护舷的弹性相似等。

(1)缆绳的相似条件

几何相似：主要是长度相似，即原型、模型船舶上的带缆点和码头上的带缆点之间的距离相似。

弹性相似：原型、模型缆绳的受力—伸长关系相似。缆绳的受力与伸长关系是非线性的，并不遵循虎克定律。故缆绳弹性模量宜按原型缆绳实测值模拟。当无实测值时，模型缆绳的受力—伸长关系可用 Wilson 公式计算：

$$T_{\mathrm{m}}=\frac{C_{\mathrm{p}}d_{\mathrm{p}}^{2}\,(\Delta S/S)^{n}}{\lambda^{3}} \tag{3-13}$$

式中，T_{m} 为模型缆绳拉力(N)；C_{p} 为原型缆绳弹性系数，无实测值时，尼龙缆取 $C_{\mathrm{p}}=1.54\times10^{4}\mathrm{MPa}$，钢缆取 $C_{\mathrm{p}}=26.94\times10^{4}\mathrm{MPa}$；$d_{\mathrm{p}}$ 为原型缆绳直径(m)；$\Delta S/S$ 为原型缆绳相对伸长；n 为指数，尼龙缆可取 $n=3$，钢缆可取 $n=1.5$；λ 为模型长度比尺。

质量相似：即缆绳单位长度质量 M 的相似。通常原型缆绳的单位长度质量 M_{p} 可用下式表达：

$$M_p = C_p d_p^2 \tag{3-14}$$

则模型缆绳单位长度的质量 M_m 为：

$$M_m = \frac{C_p d_p^2}{\lambda^2} \tag{3-15}$$

式中，C_p 为空气中原型缆绳的质量比例系数，尼龙缆取 $C_p = 670\text{kg}/(\text{m}^2 \cdot \text{m})$，钢缆取 $C_p = 3670\text{kg}/(\text{m}^2 \cdot \text{m})$；$d_p$ 为原型缆绳直径(m)；λ 为模型长度比尺。

(2)护舷的相似条件

码头上的护舷通过其受力后的压缩变形起着吸收撞击能量，减小撞击力的作用，故其主要相似条件为原、模型受力—变形曲线相似，即要求：

①几何相似：一般只要求受压方向尺度的几何相似，对于鼓型护舷则是原型、模型护舷高度的相似。

②弹性相似：原、模型护舷的受力—变形曲线相似和吸收能量—变形曲线相似。

3.3　物理模型模拟

船舶系泊物理模型一般采用正态整体物理模型，依据《波浪模型试验规程》(JTJ/T 234—2001)，模型的原始入射波，规则波波高不应小于2cm，波周期不应小于0.5s；不规则波有效波高不应小于2cm，谱峰周期不应小于0.8s；当有船舶模型置于其中时，模型长度比尺不应大于80。通常对于大型船舶，模型比尺取60～70；对于小型船舶，模型比尺取40～60。

试验区模拟范围应包括码头、防波堤、护岸、栈桥、引桥、回旋水域、进出港航道等。模型制作时，应在水池中进行控制导线和网格、地形等高线和建筑物的轮廓线放样，并设置1～2个水准点；模型地形可用桩点法复制，桩点间距不宜过大，对于变化复杂区域应加密桩点间距，采用砂等材料填充，压实后，用水泥砂浆抹面，抹面后的地形高程允许偏差为±2.0mm。

相对护舷的变形系数而言，码头等水工建筑物的变形要小很多，可按照刚性处理，一般采用木材、普通钢材和塑料板等建材制作，并严格控制其尺度和高程，以复演对波浪传播和水流所产生的影响。

模型布置时，试验水池中造波机与建筑物模型的间距应大于6倍平均波长。模型中设有防波堤堤头时，堤头与水池边界的间距应大于3倍平均波长，单突堤堤头与水池边界的距离应大于5倍平均波长，并应在水池边界设消浪装置，减少反射影响。某工程船舶系泊试验模型布置、试验模型照片分别如图3-1、图3-2所示。

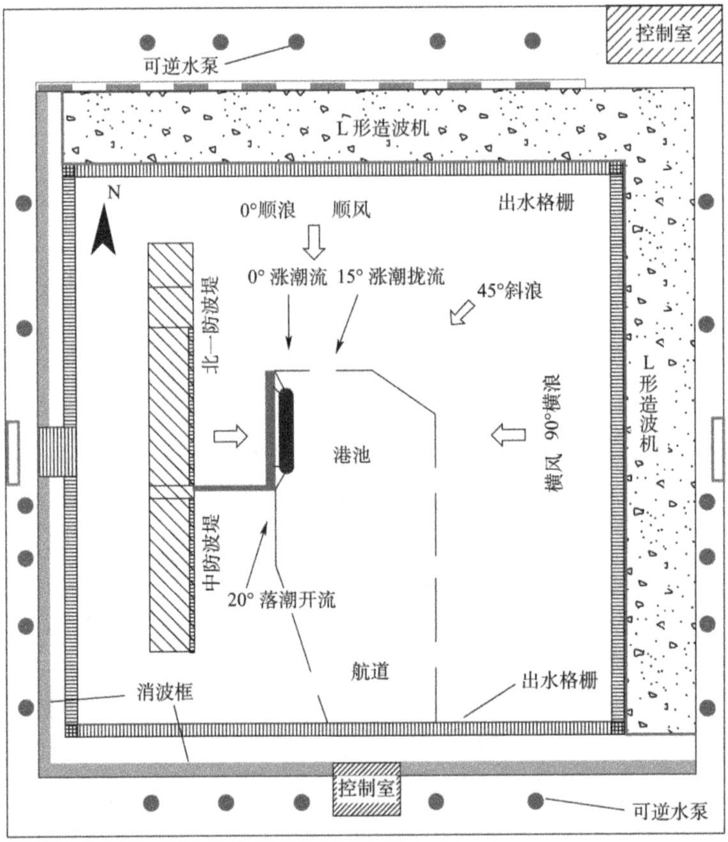

图 3-1　某工程船舶系泊试验模型布置图

图 3-2　某工程船舶系泊试验模型照片

3.4　船舶模拟

船舶模拟除了几何相似之外，还应在船模排水量、重心的纵向位置和垂向位置、船模的质量惯性矩等满足表3-1中的对应关系，即船模与实船的质量分布相似，才能保证船模和实船之间的重力相似和惯性力相似条件，因此应进行静力校准和动力校准。校准方法详见文献，当采用风机模拟风场时，则应对船舶的上层建筑进行模拟。图3-3为某工程的LNG船模照片。

图3-3　某工程的LNG船模照片

3.5　缆绳和护舷模拟

(1)缆绳模拟

寻找完全满足相似关系模型缆绳几乎不可能。为解决原型、模型缆绳的弹性相似问题，常在模型缆绳上串接一弹性元件，具体如模型缆绳采用本身无弹性的细钢丝，在其末端系结一悬臂钢片，通过调整悬臂长度以模拟弹性。另外，选用的模型缆绳单位长度的质量也难与原型相似，通常可采用模型缆绳全长均匀而离散的增加小质量块，以达到质量相似。

在模型中，缆绳按照自船上绞车经带缆孔至码头上带缆钩间的总长度进行模拟，船与岸相对位置固定后，长度自动满足几何相似。图3-4为某工程系泊缆绳的模拟结果。

(2)护舷模拟

传统护舷模拟方法采用混炼胶制作高度相似的胶棒，通过改变胶棒的直径和壁厚，以达到受力—变形曲线相似。目前，护舷的受力—变形曲线模拟采用磷铜片等变形回零较好的金属片，通过设计一个不仅能改变磷铜片的悬臂长度而且可测量磷铜片的变形及受力的机械装置,达到护舷受力—变形曲线的相似。图 3-5 为护舷模拟装置,图 3-6 为一鼓一板 SUC2000H 标准反力型橡胶护舷的模拟结果,从图中可知,模拟效果较好。

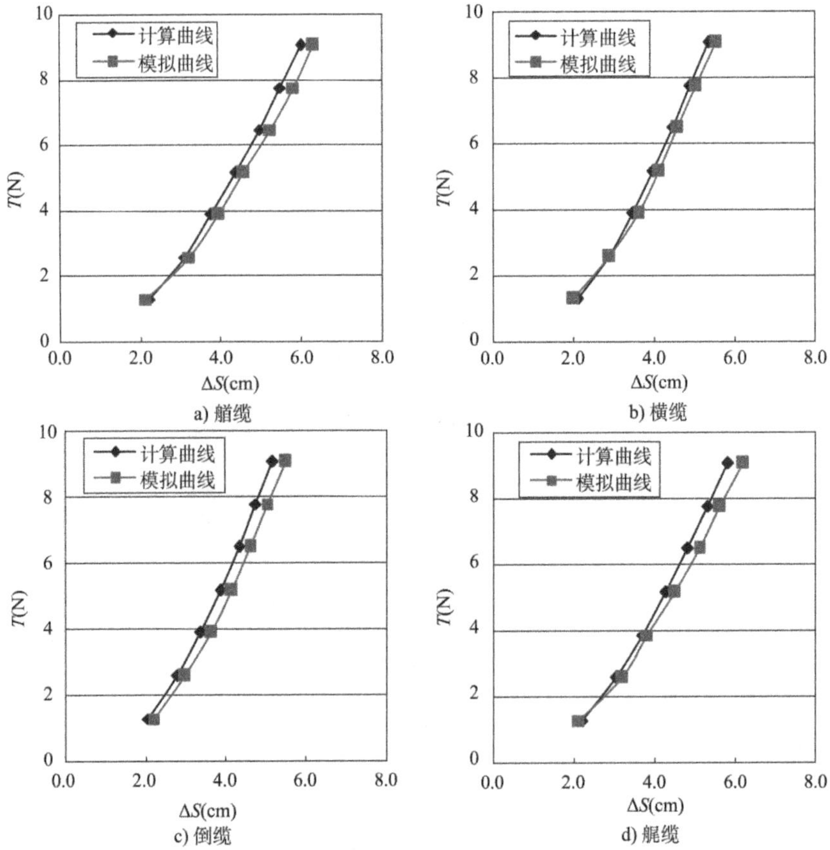

图 3-4　某工程系泊缆绳的模拟结果

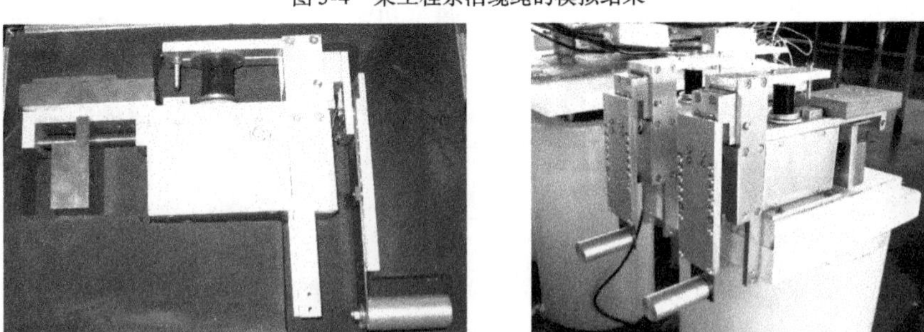

图 3-5　护舷模拟装置

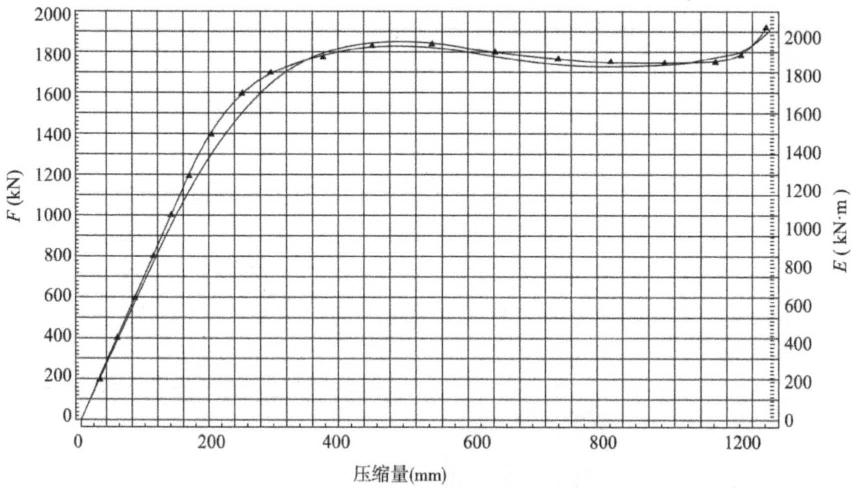

图 3-6　一鼓一板 SUC2000H 标准反力型橡胶护舷模拟结果

注：设计反力 = 1781kN，护舷尺寸 = 2000mm，设计吸能量 = 1564kN · m

应该说明的是，上述护舷的模拟是在静力条件下进行的，虽然动力条件下橡胶护舷的受力和变形性质与静力条件下有所不同，但对试验结果的影响并不大。

3.6　环境荷载模拟

(1)波浪模拟

实验室造波机的主要类型有摇板式、推板式、冲箱式及空气式造波机。其中摇板式和推板式造波机因具有结构简单、控制方便、便于维护的特点而应用广泛。摇板式造波机通过机械驱动使摇板绕固定轴往复摆动，使水池中水产生波动，波高由摇板的摆动幅度控制，波长或周期则由摆动频率确定。推板式造波机通过连杆驱动设在水池一端的推板进行往复运动，使水池中水产生波动，波高取决于推板的冲程和速度，波长则取决于往复频率。实验室波浪模拟技术的发展是一个由简到繁、由浅入深的过程，即由单向规则波—斜向规则波—单向不规则波—多向不规则波，由被动式消波—主动式消波(无反射造波)。目前，无反射造波技术在波浪水槽中已基本实现，在港池造波中也取得较好效果。

2008 年，交通运输部天津水运工程科学研究院联合天津理工大学研发成功国内首台港池 L 形主动吸收式造波机(图 3-7)。该造波系统由 144 个造波单元组成，每个造波单元宽 0.5m，高 1.0m，呈 L 形布置。造波机长度为 38m(长边 76 个单元) + 33m(短边 66 个单元)(注：长边与短边衔接处还有 2 个单元)，分布于 45m

(长)×40m(宽)×1m(深)的港池内。试验最大水深0.8 m,试验周期:0.4~5s,最大波高(规则波)0.35m。该造波机的主要特征和创新性表现为:①实现了144个造波单元的位移和速度实时同步双闭环控制,并发明了造波机复合机械结构,实现了各造波单元推波板之间的光滑铰接,避免了锯齿波的产生,使得波面更为平滑。②实现了多种波浪类型的造波,包括正向、斜向规则波,正向、斜向不规则波,多方向不规则波;波谱类型包括J谱、BM谱和规范谱等(图3-8)。③实现了吸收式造波:正向、斜向规则波,正向、斜向不规则波吸收率达到80%以上,解决了连续造波的二次反射问题。“港池L形主动吸收式造波机研发与应用”项目经专家鉴定,达到国际先进水平。

图3-7　L形主动吸收式造波机

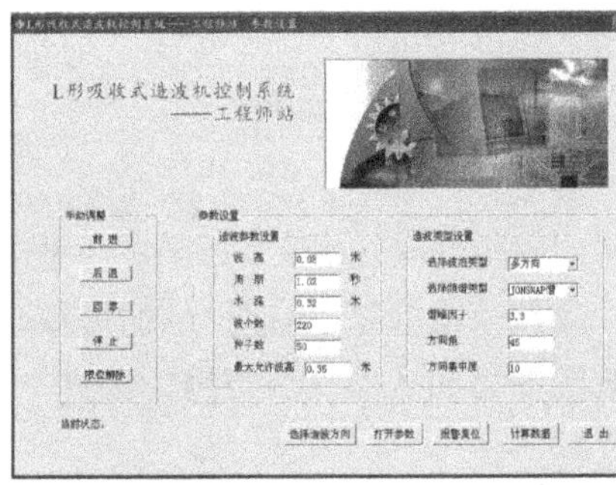

图3-8　L形主动吸收式造波机控制界面

目前,波浪模型试验均采用不规则波进行,谱型可采用规范谱和JONSWAP谱。依据《海港水文规范》(JTJ 145-2—2013),规范谱表达形式如下:

对于波高水深比$H^* \leqslant 0.1$的深水水域,已知有效波高和有效周期时,风浪频谱按下列公式计算:

$0 \leqslant f \leqslant 1.05\dfrac{1}{T_s}$时

$$S_\eta(f)=0.0687H_{1/3}^2T_sP\cdot\exp\left\{-95\times\left[\ln\frac{P}{(1.522-0.245P+0.00292P^2)}\right]\times(1.1T_sf-1)^{\frac{12}{5}}\right\}$$

$f>1.05\dfrac{1}{T_s}$时

$$S_\eta(f)=0.0824\frac{H_{1/3}^2}{T_s^3}(1.522-0.245P+0.00292P^2)\frac{1}{f^4}$$

$$P=95.3\frac{H_{1/3}^{1.35}}{T_s^{2.7}}$$

$$H^*=0.626\frac{H_{1/3}}{d}$$

式中，$S_\eta(f)$为风浪频谱($m^2 \cdot s$)；f为频率(s^{-1})；$H_{1/3}$为有效波高(m)；T_s为有效波周期(s)；P为谱尖度因子，$1.54 \leqslant P < 6.77$；H^*为波高水深比；d为水深(m)。

对于$0.5 \geqslant H^* > 0.1$的有限深度水域，以$H_{1/3}$和T_s为参数的风浪频谱按下列公式计算：

$0 \leqslant f \leqslant 1.05\dfrac{1}{T_s}$时

$$S_\eta(f) = 0.0687H_{1/3}^2 T_s P \cdot \exp\left\{-95 \times \left[\ln \frac{P(5.813 - 5.137H^*)}{(6.77 - 1.088P + 0.013P^2)(1.307 - 1.426H^*)}\right] \times (1.1T_s f - 1)^{\frac{12}{5}}\right\}$$

$f > 1.05\dfrac{1}{T_s}$时

$$S_\eta(f) = 0.0687H_{1/3}^2 T_s \frac{(6.77 - 1.088P + 0.013P^2)(1.307 - 1.426H^*)}{5.813 - 5.137H^*}\left(\frac{1.05}{fT_s}\right)^m$$

$$m = 2(2 - H^*)$$

$$P = 95.3\frac{H_{1/3}^{1.35}}{T_s^{2.7}}$$

式中：$S_\eta(f)$为风浪频谱($m^2 \cdot s$)；f为频率(s^{-1})；$H_{1/3}$为有效波高(m)；T_s为有效波周期(s)；P为谱尖度因子，$1.27 \leqslant P < 6.77$；H^*为波高水深比；m为系数。

当由提供的试验波要素计算得到的H^*和P值满足规范谱的要求，则试验不规则波频谱可采用规范谱模拟；如不满足，则可采用JONSWAP谱(简称J谱)模拟，其解析式为：

$$S_\eta = \beta_J H_{1/3}^2 T_P^{-4} f^{-5} \exp\left[-\frac{5}{4}(fT_P)^{-4}\right]\gamma^{\exp\frac{-(fT_P-1)^2}{2\sigma^2}}$$

$$\beta_J = \frac{0.06238}{0.230 + 0.0336\gamma - 0.185(1.9+\gamma)^{-1}}[1.094 - 0.01915\ln\gamma]$$

$$T_P = \begin{cases} \dfrac{T_s}{1 - 0.132(\gamma + 0.2)^{-0.559}} \\ \dfrac{\overline{T}}{1 - 0.532(\gamma + 2.5)^{-0.569}} \end{cases}$$

$$\sigma = \begin{cases} 0.07 & f \leqslant f_p \\ 0.09 & f > f_p \end{cases}$$

式中：$S_\eta(f)$为风浪频谱($m^2 \cdot s$)；β_J为系数；$H_{1/3}$为有效波高(m)；T_P为谱峰周期(s)；f为频率(s^{-1})；γ为谱峰升高因子，$\gamma = 1 \sim 7$，均值3.3；σ为无维谱宽参数；

T_s 为有效波周期(s);$\bar{T}$ 为平均波周期(s)。

模拟不规则波时,将给定的 $H_{4\%}$ 波高换算成 $H_{1/3}$ 有效波高,再将有效波高及周期送入计算机进行波谱模拟,经过修正后,使峰频附近谱密度、峰频、谱能量、有效波高等满足试验规程要求。

试验波高的率定是在码头及引桥等结构物模型放置之后进行的。在泊位前半倍船宽处布置若干个波高传感器,取所有测点的 $H_{4\%}$ 波高的平均值作为率定结果与目标值比较,并校核 $H_{1\%}$ 波高值。当模拟结果相同或相近时,便以此结果对应的造波机参数作为正式试验所采用的造波参数,之后放置船舶模型进行试验。

(2)水流模拟

停泊在码头前沿的船舶,在潮流的作用下会产生水流力,从而产生系缆力和挤靠力。目前,在船舶系泊试验中,潮流的模拟通常简化为恒定流来模拟。水流的模拟包括流速和流向的模拟,有两种方法:一种是使用水泵结合回水廊道在模型区内形成恒定的流场;另一种是计算出水流对船舶的作用力,再换算成模型值,然后在水流合力作用点的位置,按照流压合力作用方向,用导轮挂重来模拟潮流对系泊船舶的作用。

采用形成模型流场的方法时,应在码头前沿停泊区的船首、船中和船尾处设置三个水流测点,通过调节水泵的转速和导流板的方位来得到所需要的流场。水流平均流速的允许偏差应控制在 ±5% 以内,模型区的水流应保持平稳,流向的允许偏差控制在 ±3°以内。

采用挂重法模拟水流力时,一般按照国内外有关规范提供的公式计算。由于不同规范的计算结果有较大差异,同时挂重对船舶运动产生不符合实际的限制作用,故挂重法存在模拟不精确的缺点。

(3)风模拟

试验室进行风的模拟也有两种方法:一种是采用风机等设备直接造风;另一种是按照原型计算风的作用力,再换算成模型值,试验时在风合力的作用点,按照风压力作用方向,用导轮挂重模拟风对船舶的作用,同样挂重对船舶运动产生不符合实际的限制作用,故挂重也存在模拟不精确的缺点。

采用挂重法模拟风压力时,风压力可采用我国《港口工程荷载规范》(JTS 144-1—2010)附录 E“作用于船舶上的风荷载”进行计算。

$$F_{xw} = 73.6 \times 10^{-5} A_{xw} V_x^2 \zeta_1 \zeta_2$$

$$F_{yw} = 49.0 \times 10^{-5} A_{yw} V_y^2 \zeta_1 \zeta_2$$

式中,F_{xw}、F_{yw} 分别为作用在船舶上的计算风压力的横向和纵向分力(kN);

A_{xw}、A_{yw}分别为船体水面以上横向和纵向受风面积(m^2);A_{xw}、A_{yw}分别为设计风速的横向和纵向分量(m/s);ζ_1 为风压不均匀折减系数;ζ_2 为风压高度变化修正系数。

(4)风浪流共同作用的模拟

目前各试验室大多采取各自独立率定再自然叠加的方式进行,对于各动力因素间的相互影响尚在研究中,这也是今后需要解决的问题。

3.7 试验设备及模拟装置的研发

船舶系泊物理模型试验常用的试验设备除上述造波机外,还包括造(潮)流系统、造风系统,船模力综合测量系统、船模运动量测量系统以及波高仪、流速仪、风速仪等。为提高模型试验精度,还进行了一系列的模拟装置的研发。

3.7.1 试验采用的先进设备

1)Visualeyez 3D 非接触运动捕捉系统

PTI 测量系统如图 3-9 所示。

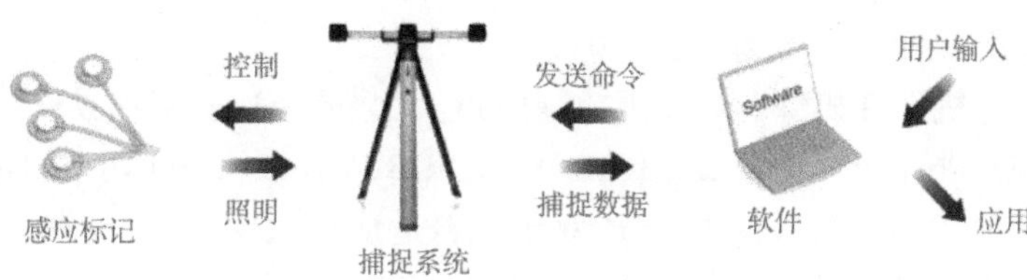

图 3-9 PTI 测量系统示意图

Visualeyez 3D 是三维(3D)运动测量和跟踪系统的集成,旨在满足 CG 动作捕捉以及运动分析,是一种高数据吞吐量、高精度和大操作空间的系统,包括跟踪单元、目标控制模块、发光二极管(LED)目标和图形用户界面(VZSoft)。跟踪单元检测来自 LED 目标的光,计算其 3D 位置,并将计算的位置坐标发送到计算机。

该系统利用广角传感方法,创造了一个非常小的"盲区"(blind region)和巨大的工作空间,而不会影响传感器分辨率。采用流水线并行数字信号处理电子技术(DPS)可在动作捕捉系统中,实时地以最高速率提供 3D 坐标。

2)电磁式非接触式测量系统

不同于第一个非接触测量方法,本装置利用电磁跟踪(electromagnetic tracking),也称为磁场定位技术来实现,这是一种利用磁场获得物体位置和空间姿态的方法，其基本原理是利用发射源正交的 3 组绕组发射的信号和传感器正交的 3 组绕组感应信号之间的耦合关系确定传感器的方位。随着技术的进步，电磁跟踪传感器体积不断缩小，性能不断提高，带有多个传感器的电磁跟踪系统近几年来得以迅速发展。

一个基本的电磁跟踪系统一般由磁场源、磁传感器、计算和控制单元（如 PC 机）构成。本套系统所采用的空间六自由度电磁位姿传感器是一种 20 世纪发展出来的新型位姿传感器，并在虚拟现实、运动捕捉等领域得到广泛的应用。

（1）系统硬件组成

整个系统硬件由 LIBERTY 和计算机采集处理系统组成。

LIBERTY 作为最快、最准确的、可升级的电磁跟踪器，是目前发展最先进的数字信号处理器（ DSP ）电子产品之一，具有更新速度高（以每秒 240 次的更新速度跟踪物体），可扩展性好，稳定性和绝对精度高，能同时提供一致的高品质数据。

LIBERTY 包括一个系统电子单元模块（SEU）、一个发射源和一个传感器。①系统电子单元模块：包含必须感应标志物所产生的磁场的硬件和软件，计算出的位置和方向，并与上位计算机通过 RS-232 串行接口或 USB 连接。②发射源：包含密封在一个注塑料壳的电磁线圈，能发射出磁场。发射源是该系统为传感器测量等选择的参照系。③传感器：包含密封在一个注塑料壳的电磁线圈，该电磁线圈能检测到由发射源发射的磁场（图 3-10）。

上位计算机选择机型 lenovo（联想）T350 ，为塔式/5U 机架式服务器，配置四核 Intel Xeon E5506 CPU（主频 2. 13GHz），2 × 2GB 内存，2 × 500GB SATA 热插拔硬盘，支持 SATA RAID 0，1，5，10，集成双千兆自适应以太网卡，支持网卡冗余、负载均衡等功能；700W 电源；标配 DVD-RW 光驱，USB 软驱。

（2）软件组成

系统软件由数据采集程序（图 3-11）和数据处理程序组成。

图 3-10　电磁位置跟踪系统

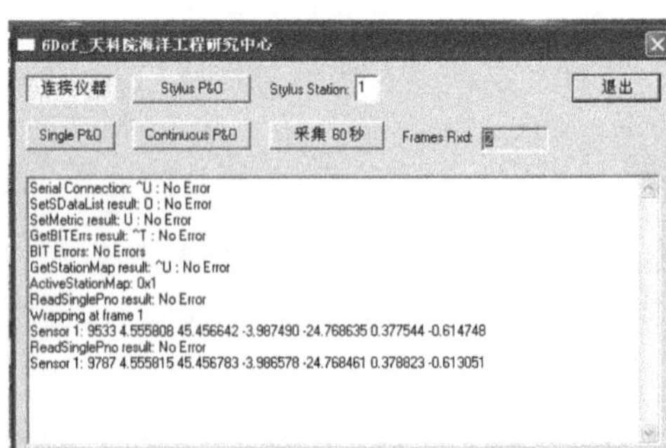

图 3-11　数据采集程序界面图

其中,数据采集程序完成系统硬件的测试、与计算机的通信连接以及数据的捕获和存储。数据通信采用 RS232 串行端口进行。数据采集程序主要由 C + + 程序编译而成。

为了达到最大的采样速率,程序不进行时间的采集,只是记录开始和结束时间,例如可以利用程序采集 60s,无论在 60s 内采集到多少数据,均认为数据每个数据之间的时间间隔是一致的,用 60s 除以采样次数及可以得到采样间隔。如此解决了 Windows 程序时间精确采集的难题。

数据处理程序则由 MATLAB 环境开发,主要完成数据的处理、分析和输出;主要的思想是把运动的绝对值进行分析处理的同时当作波动数据进行分析处理,从而得到船舶六自由度运动的幅值,而波动或振动的参数才是我们真正关心的内容。

3.7.2　试验采用的其他设备

(1)系泊浮体静力校准系统

根据船模静力校准方法,研制浮体静力校准系统,如图 3-12 所示。

图 3-12　浮体静力校准系统

浮体静力校准系统包括惯量调整架和计算软件,调整架的具体构成如下。

①主框架:主框架长 2.6m、宽 1.9m、高 1.7m,由铝合金型材和方管横连接框构成。为便于运输安装使用,可以分解成若干零件,各部分零件用螺栓连接。

②横梁:横梁主体是 100 × 100mm 的不锈钢方管及悬挂套筒,横梁由管夹固定在主框架上。套筒与刀架板一起共同支撑刀架。

③刀架系统:刀架是关键零件,刀架模块的顶尖用优质钢材加工,顶尖磨损后可以更换维修,刀架见图 3-13。

④称重:称重设备使用电子地磅。量程 2000kg,精度 0.05% F. S(Full Scales,满量程)。

⑤位移传感器：为提高读数精度，选用了 SMW-WypC-200L 型位移传感器和 M4 数字显示表。

⑥小框架：小框架是为 Z 向惯量测定使用的附加设备，配合专用的悬挂线，可以进行 Z 向惯量测定。

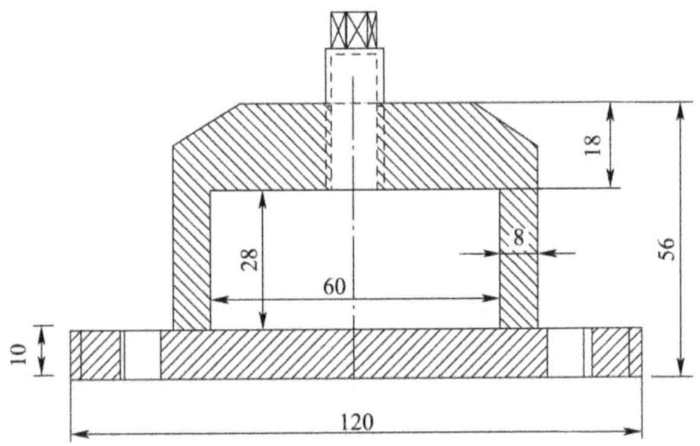

图 3-13　刀架(尺寸单位:cm)

船模静力校准步骤：模型准备(划线、称重、配载)、刀架安装、模型悬挂、重心校准、纵向惯量校准、横向惯量校准、Z 向惯量测定。

船模静力特性校准系统研制完成后，经过几个模型试验的验证，效果良好，大幅提高了试验效率和精度，达到预期目标。

(2)波高测量系统

波高测量系统采用 SG2000 型波浪试验测试系统(图 3-14)，该系统包括波高传感器、采集仪和数据采集处理软件，由中国水利水电科学研究院和交通运输部天津水运工程科学研究院共同研制，广泛应用于国内的波浪物理模型试验中。其波高传感器安装在测架上。可根据试验观测需要放置于模型水域中所关注的位置进行测量。

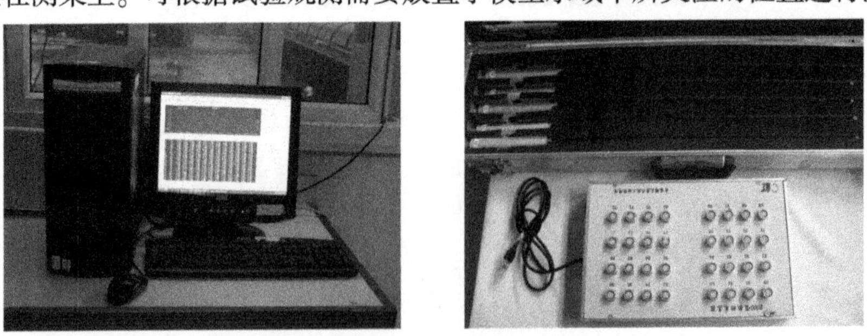

图 3-14　SG2000 型波浪试验测试系统

(3)流速测量系统

采用多普勒三维流速仪，用于码头前沿流速测量(图 3-15)。

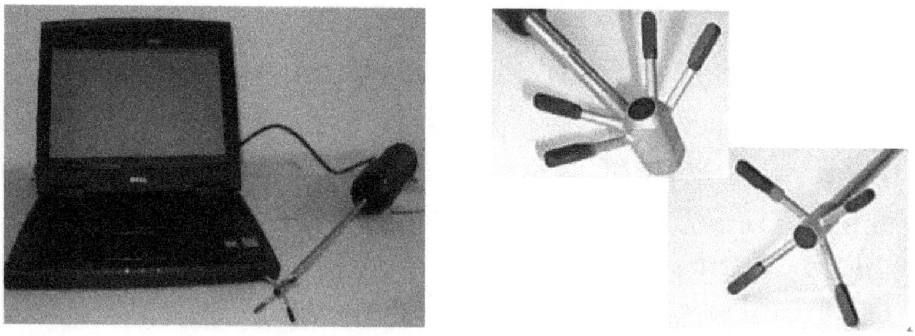

图 3-15 多普勒三维流速仪

(4)风速仪

采用热线风速仪,用于风速测量(图 3-16)。

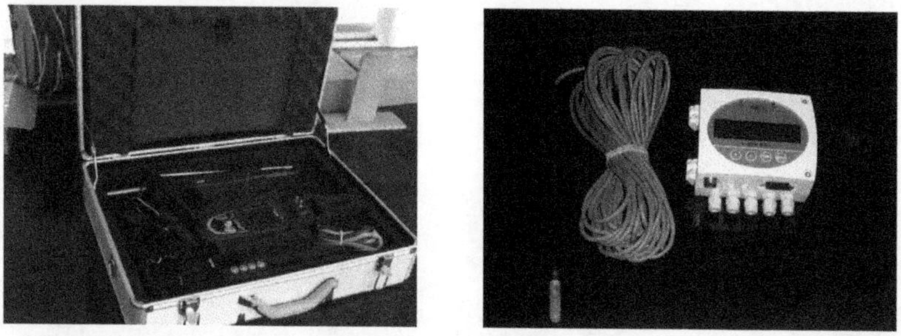

图 3-16 热线风速仪

(5)造风系统

采用直接用风机模拟风压力的方式,按照原型比例制作船模上层建筑物(包括甲板上舱盖、驾驶室等)。此时风的率定应以风压力相似为主、风速相似为辅的原则进行,以确保要求的风速能够在船模上形成所需的风压力。

造风系统由 8 台独立风机(图 3-17)组成,风机型号为 GDZ-No. 10;风机电机功率 11kW,额定转速 1450r/m;额定风量 41000m^3/s;出风口尺寸为 1.5m(长)×1m(高)。风速由变频控制,最大风速可达 10.0m/s。风机可吊装,自由移动,变换风向,可任意排列组合,实现局部风场控制。

图 3-17 风机组

(6)船模力综合测量系统

船模力综合测量系统由北京百易通达机电设备有限公司研发,包括系缆力传感器、护舷模拟装置、采集仪和数据采集处理软件等。缆力传感器采用应变式,使用350Ω应变计,组成全桥电路,具有良好的温度特性,其量程3~5kg,也可根据试验要求更改量程。在传感器装置上设有转向轮,能适应不同水位条件下系缆绳夹角的变化,其外形见图3-18。

护舷模拟装置可以模拟不同型号的鼓型和DA-A600H型橡胶护舷。在护舷模拟装置上设置有力传感器和位移传感器。力传感器采用应变式,量程为5kg,位移传感器采用电容式,量程2cm。力传感器和位移传感器一起连动,当撞击点受力时,它们同时输出信号电压。如果改变力的大小,就能模拟设计护舷受力—变形曲线。

系缆力传感器和护舷模拟装置与数据采集仪(图3-19)相接。通过数据采集处理软件,可同步测得船舶系缆力、撞击力和护舷的变形,并据此计算出撞击能量。

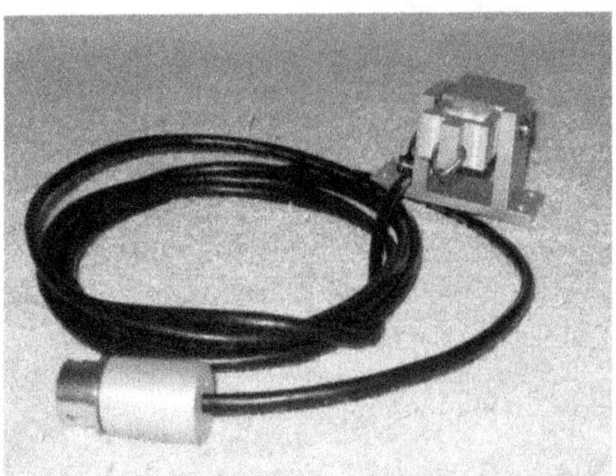

图3-18　系缆力传感器

图3-19　数据采集仪

3.7.3　全开边界生潮系统研发

(1)港池全开边界生潮系统主要设计参数

设计水深0.3m,最大平均流速0.2m/s;设计水深0.5m时,最大平均流速0.1m/s。

(2)系统组成

系统采用360°全开边界生潮系统,由计算机控制的22台调速可逆水泵组成,分布在港池四周,长边6台,短边5台,每台水泵功率20kW,正向流量1000m^3/h,逆向流量750m^3/h。通过计算机输出信号调整流量,同时造波系统与生潮系统互不干扰,见图3-20。

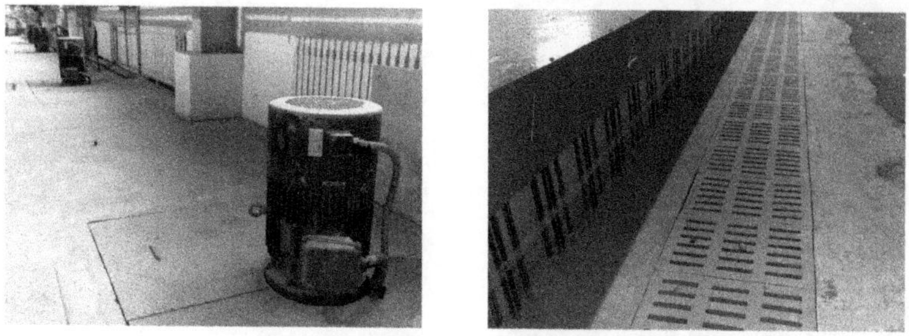

图3-20　港池四周生潮水泵及出流口

3.7.4　船模靠泊模拟试验装置研发

船舶靠泊时对码头结构将产生较大的撞击力和撞击能量，是码头结构设计和护舷选型应考虑的主要外荷载和能量之一。船舶靠泊码头时产生的撞击力和撞击能量主要与船舶的质量、靠泊速度、靠泊角度、靠泊偏心距、附加水体质量等有关。在船舶系泊物理模型试验中，常需要开展船舶以不同靠泊速度、靠泊角度和偏心距（船舶中心与码头中心之间的偏距）条件下对码头护舷的撞击力和撞击能量的试验，为此研制了一种试验模拟装置。

该装置包括高精度调速仪、直流力矩电机、链传动结构、转轴、支座、槽轮、无极绳、支架、导向杆、导向板、船模，如图3-21和图3-22所示。

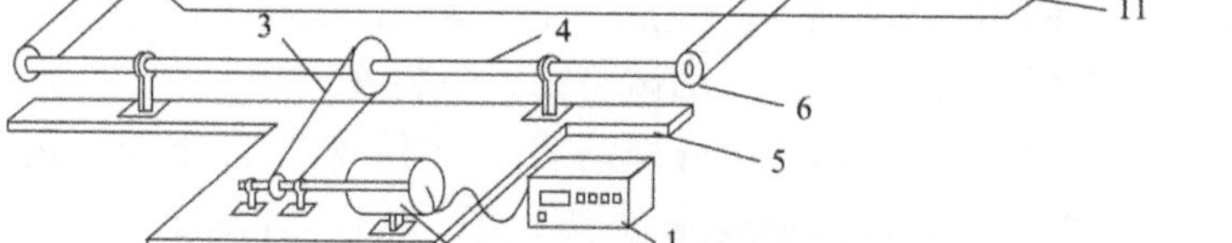

图3-21　船模靠泊模拟试验装置示意图

1-高精度调速仪；2-直流力矩电机；3-链传动结构；4-转轴；5-支座；6-槽轮；7-无极绳；8-支架；9-导向杆；10-导向板；11-船模

该试验具体实施方式如下：横跨在船模上的两根相互平行的无极钢丝绳，各通过一套调整结构与船模的一侧两端相连；调整结构由导向板和导向杆组成，导向板安装在船模上，其上设有导向槽，导向杆上端固接在相应的无极绳上，下端插装在

图 3-22　船模靠泊模拟试验装置照片

导向板的导向槽内；两根无极绳分别张紧在两个槽轮上，其中一个槽轮安装在支架上，另一个槽轮安装在转轴的一端上，转轴与船模平行，转轴由直流力矩电机驱动，电机的输出轴通过链传动结构与转轴连接，电机由高精度调速仪控制。

应用本试验装置时，将支座固定在所模拟的码头结构上，船模和支架则设置在码头前沿的水池中。试验人员通过操作调速仪控制电机，调速仪可以控制电机的正转、反转以及转速，通过传动使无极绳牵引船模横向进退，以模拟试验所需要的不同靠泊速度；通过调整导向杆和导向板的位置，可模拟船舶以不同倾角和偏心距的靠泊方式，因此该试验装置能很好模拟船舶以不同靠泊速度、不同靠泊角度及不同靠泊偏心距对码头的撞击，并且结构简单、操作方便、效果良好。

3.7.5　船模系泊试验导缆装置研发

在船模系泊试验中，由于需要布置拉力测试仪与缆绳的末端连接，同时还要兼顾模拟缆绳的实际长度以及船、岸上系缆点位置的相似性，因此往往需要在码头不同位置布置导缆器，以调整缆绳模型。同时，系泊于码头的船模由于风、浪、流共同作用而产生运动，随之缆绳也会在水平方向受横摇或横移、纵移、回转等影响会有拉伸及转角，同时垂向上由于升沉、纵摇等运动，其系泊垂面上也存在缆绳拉伸和倾角。针对这种情况，以往的方法在码头上钉金属环或者采用定滑轮等作为导缆器，但实际使用效果上有诸多不利，如产生附加力、摩擦阻力大和易于缠绕等现象。在此情况下，为了更准确地复演实际船舶系泊状态，消除附加力的影响，尽可能提高测试精度，研制了一种用于船舶系泊试验的导缆装置。

该导缆装置包括上层过缆盘、可升降调节柱、中层支撑盘、下层固定底座、金属孔、滚珠轴承Ⅰ、滚珠轴承Ⅱ、模型缆绳，如图3-23和图3-24所示。具体说明如下：该导缆装置包括从上至下依次设置的上层过缆盘、中层支撑盘和下层固定底座，上层过缆盘通过可升降调节柱与中层支撑盘连接，并通过滚珠轴承Ⅰ与可升降调节柱转动连接；滚珠轴承Ⅰ的外圈上缘与上层过缆盘固接，滚珠轴承Ⅰ的内圈下缘与可升降调节柱固接；可升降调节柱插装在中层支撑盘内，二者同轴设置，中层支撑盘通过滚珠轴承Ⅱ与下层固定底座转动连接，滚珠轴承Ⅱ的外圈上缘与中层支撑盘固接，滚珠轴承Ⅱ的内圈下缘与下层固定底座固接。

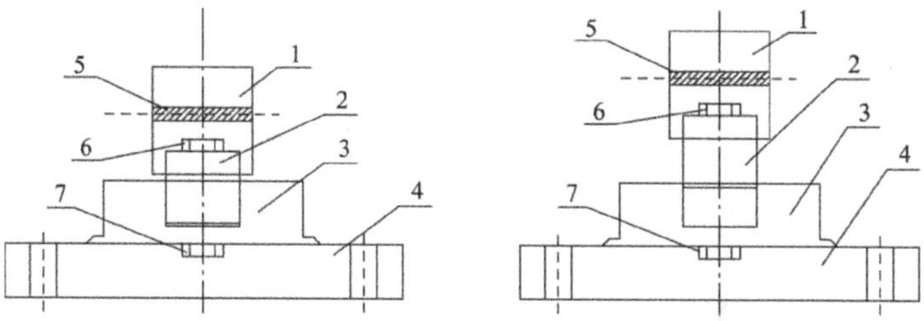

a) 下降状态　　b) 升高状态

图 3-23　导缆装置的侧视图(分别为上层下降和上层升起两种状态)

1-上层过缆盘;2-可升降调节柱;3-中层支撑盘;4-下层固定底座;5-金属孔;6-滚珠轴承Ⅰ;7-滚珠轴承Ⅱ

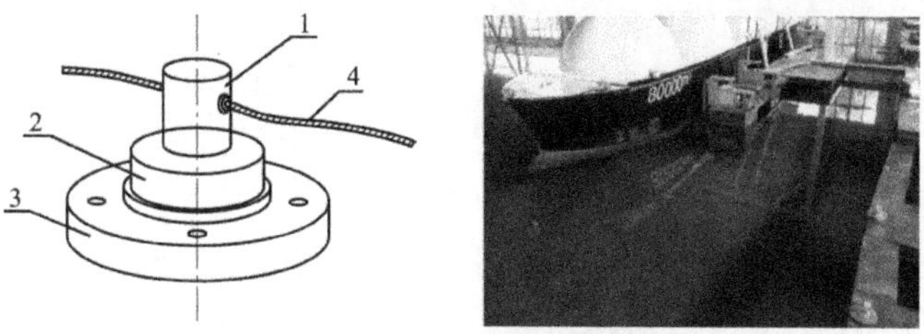

图 3-24　导缆装置的三维视图和试验照片

1-上层过缆盘;2-中层支撑盘;3-下层固定底座;4-模型缆绳

在上层过缆盘内设有沿其径向延伸的导缆金属孔。使用时,根据实际系缆点位置,将下层固定底座固定在码头模型面板对应的位置上。模型缆绳穿过导缆金属孔,一端与固定在船模上的拉力测试仪连接,另一端与模拟缆绳弹力特性的系缆点装置相连接,这样组成一组完整的缆绳模型系统。试验中,根据实际位置分别以此方式布置舷缆、横缆、倒缆和艇缆。试验过程中,在风浪流共同作用下,船模将发生运动,导致不同位置处的船舶模型缆绳发生拉伸或松弛,并有水平面上的转角或者垂直面上的倾角出现。由于该导缆装置可自由旋转和升降,因此在试验期间始终能够实时自动调节,保持随船模和缆绳运动,不会产生附加力和摩擦阻力,且不会缠绕,能够确保试验测试精度和可靠性。

该装置原理简单、结构简洁,易于大量加工制作;试验证明应用效果良好,于 2016 年获得国家实用新型专利,专利号为 ZL201620167134.7。

3.8　数据采集与处理

试验过程中同步测量船舶的 6 个运动量、系缆力、护舷的撞击力及变形,并计算撞击能量。数据的采集和处理遵循《波浪模型试验规程》(JTJ/T 234—2001)进行,试验时不规则波连续采用的波浪个数大于 100 个,采样时间间隔为 0.02s,小于有效波周期的 1/10,每组试验均重复 3 次以上,取每组最大值的平均值作为最终结果。

第 4 章　船舶系泊数学模型试验

随着计算机性能的不断提高,数学模型试验的应用日趋广泛,与物理模型试验相互补,成为科学研究领域的两大重要的研究方法。

系泊船舶与波浪相互作用问题在本质上仍然是波浪与大尺寸结构物的相互作用问题。解决这类问题的方法一般采用三维势流理论,其控制方程是流体的速度势函数,离散方程的数值方法通常有边界元法、有限元方法和有限差分法等。

通常波浪与结构物作用的模拟方法包括频域分析法和时域分析法两种。频域分析法假定波浪场中的物理量随时间呈周期性变化,从而把时间项显式分离,故其通常只适用于周期稳态问题,对瞬变或者强非线性问题则显得无能为力;时域分析法原则上可以处理完全非线性和物体任意运动问题。对于系泊船舶的运动而言,护舷与缆绳对船舶的约束是非线性的,与此同时船舶还要受到风、浪、流的联合作用,这是一个很复杂的非线性问题,因此为了更准确模拟波浪与系泊船舶作用问题,数值计算多采用时域分析法。虽然时域分析法对处理非线性问题特别有效,但其计算工作量比频域分析法大得多。1962 年,Cummins 提出了一个相对其他方法来说最容易的时域方法,这一方法首先在频域内计算出波浪的激振力、船舶的附加质量和辐射阻尼,然后通过逆傅立叶变换将频域计算结果变换到时域,最后通过计算系泊船舶的时域运动方程,求得系泊船舶的运动响应和系泊系统的荷载和变形,国内信书、邹志利等采用 Cummins 的时域方法对码头系泊船舶运动响应问题进行了研究。

另外,在船舶流体动力学中广泛使用的切片理论与方法同样在系泊船舶运动响应问题研究中得到广泛应用。切片理论把船只假设为细而长的物体,则沿着船长方向将船体分解成许多分段,每一个分段截面形状相同,则对于每一个截面,附近流体的流动基本上可以被看作平面的。根据平面流动计算得到截面受到流体波浪力之后,沿着船长进行积分计算出整个船舶上的流体波浪力。切片理论将一个立体问题转换为平面问题,应用在船只所受到的波浪力计算中时虽然简单,但因为基于平面势流理论,所以对于任意形状的大尺寸结构物体,比如系缆船只,就没有考虑到系缆船只的三维效应,这给计算结果带来一定的误差。

4.1 三维势流理论

4.1.1 前提假设

为了适应实际工程问题,三维势流理论针对流体的性质进行了相应的简化,假设流体为无黏性、无旋、均匀的且不可压缩的理想流体。之所以这样简化是因为:

(1)波浪的波幅和系泊浮体相比量级很小,绕射作用明显大于黏性影响,所以忽略黏性;

(2)对于理想流体而言,初始运动无旋,之后任意时刻运动均无旋,无旋假定合理;

(3)流体本身的密度几乎不发生变化,水密度假设为均匀和不可压缩也是合理的。

波浪以及结构物的运动状态在液体自由表面附近都可以看作微幅运动。根据连续性方程和NS方程推导求解流体运动方程,可将其简化为拉普拉斯积分的形式。

4.1.2 坐标系

坐标系可以分为大地坐标系和随体坐标系两种,如图4-1所示。

(1)大地坐标系 $oxyz$,一般设置在物体平衡位置处,不随物体运动而变化,而且大地坐标系只有唯一一个,多个物体的体统中,往往是以大地坐标系作为基准,分析其他物体的运动。

(2)随体坐标系 $o'x'y'z'$,固定在系泊结构物上,随物体运动而变化。单个物体可以设定随体坐标系与大地坐标系重合;多个物体时,就要对每个物体单独设计随体坐标系来表示其个体运动。

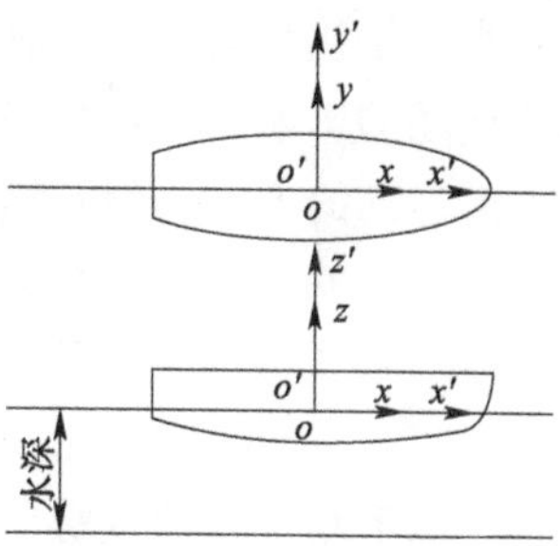

图4-1 坐标系示意图

4.1.3 速度势分析求解

在笛卡尔坐标系中,对于圆频率为 w 的长波来说,自由面平移量、速度和势函数之间的关系可表示如下:

$$\begin{cases} q(x,y,z,t) = \mathrm{Re}\{u(x,y,z)\mathrm{e}^{-\mathrm{i}wt}\} \\ \zeta(x,y,z,t) = \mathrm{Re}\{\eta(x,y)\mathrm{e}^{-\mathrm{i}wt}\} \\ \Phi(x,y,z,t) = \phi(x,y,z)\mathrm{e}^{-\mathrm{i}wt} \end{cases}$$

式中，$u(x,y,z)=\nabla\phi(x,y,z)$；$w$ 为长峰波的频率；ζ 为自由表面起伏过程；q 为速度；$\Phi(x,y,z,t)$ 为不定常速度势。

当把自由液面作为浮式结构物的运动基准面时，流场中流体的速度势 $\Phi(x,y,z,t)$ 的定解问题可表示如下。

拉普拉斯方程：$\nabla^2\Phi(x,y,z,t)=0$

自由液面条件：$\dfrac{\partial^2\Phi}{\partial t^2}+g\dfrac{\partial\Phi}{\partial z}=0$

物面条件：$\dfrac{\partial\Phi}{\partial n}=\dot{x}_j\dot{\bar{n}}_j$

水底条件：$\dfrac{\partial\Phi}{\partial n}=0\quad(z=-H)$

辐射条件：在距结构物较远处有波浪从其自由液面传入。

流场中的总体速度势应用叠加原理可以由 3 个部分组合而成，包括入射波速度势、绕射势、辐射势。这种组合方式基于拉普拉斯方程和边界条件的线性化处理，假定结构物的运动量很小，同时波浪的变化也不是很大。最终，此不定常速度势分解为：

$$\Phi(x,y,z,t)=\Phi^{\mathrm{I}}(x,y,z,t)+\Phi^{\mathrm{D}}(x,y,z,t)+\Phi^{\mathrm{R}}(x,y,z,t)$$

式中，Φ^{I}表示入射波速度势，表明入射波对流场速度影响；Φ^{D}表示绕射势，表明水中结构物的存在对速度的影响；Φ^{R}是辐射势，表示结构物的强迫运动时对周围流场的影响；$\Phi^{\mathrm{D}}+\Phi^{\mathrm{R}}=\Phi^{\mathrm{P}}$，$\Phi^{\mathrm{P}}$ 又称为扰动势。为了求解结构物在平衡位置处简谐运动的方向，要将其转化为定常问题来求解，分解速度势为时间系数和空间速度势相乘的结果。设船体或海洋结构物在平衡位置周围做微幅的简谐摇荡运动，船体和海洋结构物摇荡的速度势为：

$$\Phi(x,y,z,t)=\mathrm{Re}\{\phi(x,y,z)\mathrm{e}^{-\mathrm{i}wt}\}$$

以下是 3 种速度势的表达式：

$$\Phi^{\mathrm{I}}(x,y,z,t)=\mathrm{Re}\{\phi^{\mathrm{I}}(x,y,z)\mathrm{e}^{-\mathrm{i}wt}\}$$

$$\Phi^{\mathrm{D}}(x,y,z,t)=\mathrm{Re}\{\phi^{\mathrm{D}}(x,y,z)\mathrm{e}^{-\mathrm{i}wt}\}$$

$$\Phi^{\mathrm{R}}(x,y,z,t)=\mathrm{Re}\{\phi^{\mathrm{R}}(x,y,z)\mathrm{e}^{-\mathrm{i}wt}\}$$

综合以上公式，去除时间系数，空间速度势如下：

$$\phi(x,y,z)=\phi^{\mathrm{I}}(x,y,z)+\phi^{\mathrm{D}}(x,y,z)+\phi^{\mathrm{R}}(x,y,z)$$

(1)入射势

采用波浪理论相关知识求解入射波速度势$\Phi^{\mathrm{I}}(x,y,z,t)$。假定入射波频率和方向单一，$\Phi^{\mathrm{I}}$ 求解公式为：

$$\Phi^{\mathrm{I}}=\frac{Ag}{w}\frac{\mathrm{ch}k(z+h)}{\mathrm{ch}(kh)}\exp[\mathrm{i}k(x\cos\beta+y\sin\beta)]$$

式中,A 为波幅(入射波浪距离平衡位置的最大处高度);g 为重力加速度;k 为波数;h 为水深;β 为浪向,即波浪传播方向与 x 轴正方向的夹角大小;$k=2\pi/\lambda$ 为波数,λ 为波长。可以根据自由表面及水底的边界条件确定波速:

$$v=k\mathrm{th}kh$$

此关系式称为色散关系式,表示波长与频率的关系。

(2)绕射势

绕射势定常部分为$\phi^{\mathrm{D}}(x,y,z)$,定解条件如下。

控制方程:$\nabla^2\phi^{\mathrm{D}}(x,y,z)=0$ (在流场内)

自由面条件:$-w^2\phi^{\mathrm{D}}(x,y,z)=0$ (在 $z=0$ 上)

物面条件:$\left.\frac{\partial\phi^{\mathrm{D}}}{\partial n}\right|_S=\left.\frac{\partial\phi^{\mathrm{I}}}{\partial n}\right|_S$

海底条件:$\left.\frac{\partial\phi^{\mathrm{D}}}{\partial n}\right|_{Z=-H}=0$

式中,S 为物体边界。

(3)辐射势

辐射势的定常部分$\phi^{\mathrm{R}}(x,y,z)$可以分解为 6 个自由度的运动辐射势叠加。

$$\phi^{\mathrm{R}}(x,y,z)=-iw\,\bar{x}_j\phi_j^{\mathrm{R}}(x,y,z)$$

式中,$\bar{x}_j$表示第 j 个运动模态的运动幅值,$j=1,2,\cdots,6$;$\phi^{\mathrm{R}}(x,y,z)$表示第 j 个模态的单位振幅运动引起的辐射势,称作规范化辐射势,其中定解条件为:

控制方程:$\nabla^2\phi^{\mathrm{R}}(x,y,z)=0$ (位于流场内)

自由面条件:$\frac{\partial\phi_j^{\mathrm{R}}}{\partial n}-v\,\phi_j^{\mathrm{R}}=0$ ($z=0$ 处)

物面条件:$\left.\frac{\partial\phi_j^{\mathrm{R}}}{\partial n}\right|_S=n_j$

海底条件:$\left.\frac{\partial\phi_j^{\mathrm{R}}}{\partial n}\right|_{Z=-H}=0$

辐射条件:$\lim\limits_{R\to\infty}\sqrt{R}\left(\frac{\partial\phi_j^{\mathrm{R}}}{\partial R}-\mathrm{i}k\,\phi_j^{\mathrm{R}}\right)=0$

上式中,$v=\frac{w^2}{g}$,$R=\sqrt{x^2+y^2}$,n_j 表示物体第 j 个运动模态的广义法向分量。

绕射势和辐射势被称为扰动势ϕ^{P},相似的可以用格林函数法进行求解,得到流

场个点辐射势和绕射势。利用源汇分布法,扰动势即可表示为:

$$\phi^{\mathrm{P}}(P)=\frac{1}{4\pi}\iint\sigma(Q)G(P,Q)$$

$$\begin{pmatrix}\phi^{\mathrm{D}}\\ \phi^{\mathrm{R}}\end{pmatrix}=\frac{1}{4\pi}\iint\begin{pmatrix}\sigma_{\mathrm{d}}\\ \sigma_{\mathrm{r}}\end{pmatrix}G(P,Q)$$

式中,$(\sigma_{\mathrm{d}},\sigma_{\tau})^{\mathrm{T}}$为源强,分布在湿表面上;$S$ 为物体边界;$P(x,y,z)$ 为场点;$Q(\xi,\eta,\zeta)$ 是 S 上的动点,源点和场点重合除外;$G(P,Q)$ 为 Green 函数,满足拉普拉斯(Laplace)方程、自由面条件、水底条件和辐射条件,表达式为:

$$G(P,Q)=\frac{1}{r_1}+\frac{1}{r_2}+\frac{2v}{\pi}\int_0^{\infty}\frac{(u+v)\mathrm{ch}(z+h)\mathrm{ch}[u(3+h)]}{u\mathrm{sh}\ uv-v\mathrm{ch}\ uv}\mathrm{e}^{-uh}J_0(uR)\mathrm{d}u$$

式中,$r_1=\sqrt{(x-\xi)^2+(y-\eta)^2+(z-\zeta)^2}$;$r_2=\sqrt{(x-\xi)^2+(y-\eta)^2+(z+\zeta+2h)^2}$;$J_0(u\,R)$为第一类零阶 Bessel 函数。

物面上的源强分布$(\sigma_{\mathrm{d}},\sigma_{\mathrm{R}})^{\mathrm{T}}$由物面积分方程计算得到:

$$\frac{1}{2}\begin{pmatrix}\sigma_{\mathrm{d}}\\ \sigma_{\mathrm{R}}\end{pmatrix}+\frac{1}{4\pi}\iint\begin{pmatrix}\sigma_{\mathrm{d}}\\ \sigma_{\mathrm{R}}\end{pmatrix}\frac{\partial G(P,Q)}{\partial n}\mathrm{d}s=\left(-\frac{\partial\phi^{\mathrm{P}}}{\partial n},n_j\right),P\in S_{\mathrm{B}}$$

4.2 三维频域下系泊船舶水动力参数计算

频域计算水动力参数本身具有计算速度快、求解线性化的特性。本节结合三维势流理论,利用频域方法计算大型船舶在单位规则波下的水动力参数,为后续的时域计算提供依据。计算的水动力参数主要包括船舶的附加质量、附加阻尼、不同浪向不同频率下的一阶波浪力传递函数、六自由度的运动幅值响应函数 RAO、二阶波浪漂移力响应(二阶传递函数)等,这些参数组成所研究船舶的完整水动力数据库。

4.2.1 附加质量和附加阻尼

附加质量和附加阻尼代表物体在被迫进行简谐运动时的稳态水动力和力矩大小,这种情况下入射波浪并不存在,物体的强迫运动产生扩散波浪,并在物体表面产生流体压力,对其积分就可以得到物体上面的相应力和力矩。同样,船舶在水域中运动也会对周围流场产生影响，船体和水域相互作用，对船体表面进行压力积分，最终得到船体受到的附加质量和附加阻尼。

在 x、y、z 三个方向上分别用 F_1、F_2、F_3 代表船体的受力，F_4、F_5、F_6 代表绕同轴向的力矩分量。结合三维势流理论，利用辐射势和伯努利方程可求出因船舶简谐运动模态而引起的船舶所受水动力压力，进而得出船舶的附连质量以及阻尼力：

$$F_k = -A_{kj}\frac{\mathrm{d}^2\eta_j}{\mathrm{d}t^2} - B_{kj}\frac{\mathrm{d}\eta_j}{\mathrm{d}t}$$

式中，A_{kj} 为附加质量因子；B_{kj} 为附加阻尼因子。

船舶的附加质量、阻尼都是由于其自身在水中的强迫运动而产生，其数值不定。附加质量与附加阻尼依赖于许多参数，如固有频率、物体运动的模态、船舶等结构物本身形状、运动速度、水域的深度和开阔程度，等等。

最后分别会有 36 个附加质量因子和 36 个附加阻尼因子，两者均以 6×6 的矩阵表示。其中，对角线上面的 6 个附加系数对自升式船舶水动力起到主要作用。即 μ_{11}、μ_{22}、μ_{33} 分别表示纵荡、横荡、垂荡的附加质量系数，μ_{44}、μ_{55}、μ_{66} 分别表示横摇、纵摇、艏摇附加惯性矩系数。

回复力和力矩

当船舶在海面自由漂浮时，一旦其运动使其位置偏离平衡位置时，将会受到静回复力和相应的力矩作用，回复力需要考虑水静力和质量的作用。静水回复力主要存在于垂荡、横摇、纵摇 3 个方向，其力和力矩分量可以写为：

$$F_k = -K_{kj}x_j$$

式中，K_{kj} 为回复系数，如果结构物在水中的部分相对于 x-z 平面对称，其回复力系数矩阵可以由以下矩阵表示：

$$\boldsymbol{K} = \begin{bmatrix} 0 & 0 & 0 & 0 & 0 & 0 \\ 0 & 0 & 0 & 0 & 0 & 0 \\ 0 & 0 & \rho g A_{\mathrm{wp}} & 0 & -\rho g \iint\limits_{A_{\mathrm{wp}}} x\mathrm{d}s & 0 \\ 0 & 0 & 0 & \rho g V\,\overline{GM}_{\mathrm{T}} & 0 & 0 \\ 0 & 0 & -\rho g \iint\limits_{A_{\mathrm{wp}}} x\mathrm{d}s & 0 & \rho g V\,\overline{GM}_{\mathrm{L}} & 0 \\ 0 & 0 & 0 & 0 & 0 & 0 \end{bmatrix}$$

矩阵中，A_{wp} 为水线面面积；V 为排水体积；$\overline{GM}_{\mathrm{L}}$ 为纵稳心高；$\overline{GM}_{\mathrm{T}}$ 为横稳心高 。

有时对于系泊结构物来讲需要附加一定的回复力，如波浪波长比较长的时候，会对系泊系统有影响。

4.2.2 线性波浪下的船舶运动方程

通常来说不规则波浪都可以看作单元规则波浪进行线性叠加而成，这种处理方法足以用来解决小波陡的规则正弦形入射波浪的问题。在定常的海况中，这种假设体现在没有初始条件造成的过渡阶段效应。此时，结构物受到波浪力作用发生强迫简谐摇荡，结构物的运动频率以及动荷载的频率与波浪频率相同。规则波浪水动力问题分析包含两个方面：

(1)规则入射波当中，在约束结构物的振荡情况下，物体受到的力和力矩。水动力荷载(波激荷载)由 Froude-Kriloff、波浪绕射力及其力矩组成。

(2)在波浪激励频率下，结构物任何形式的刚体强迫振动时的力和力矩大小。在没有入射波浪的情况下，附加质量、阻尼和相关回复力作为主要的水动力荷载。

线性叠加水动力荷载即为总的水动力荷载，然后建立结构物的简谐运动方程式，下面是其定常状态下的正弦运动形式方程：

$$\sum_{k=1}^{6}\left[(M_{jk}+A_{jk})\ddot{x}_k+C_{jk}\dot{x}_k+K_{jk}x_k\right]=F_j\mathrm{e}^{-\mathrm{i}\omega_e t}\quad(j=1,2,\cdots,6)$$

式中，M_{jk}为结构物质量矩阵中的项；F_j 为波浪激励力和力矩分量的模(复数幅值)。如果结构物对于 x-z 平面对称，并且重心的垂向坐标是 z_G，M 是结构物的质量，则建立如下的广义质量矩阵：

$$\boldsymbol{M}=\begin{bmatrix} M & 0 & 0 & 0 & Mz_G & 0\\ 0 & M & 0 & -Mz_G & 0 & 0\\ 0 & 0 & M & 0 & 0 & 0\\ 0 & -Mz_G & 0 & I_4 & 0 & -I_{46}\\ Mz_G & 0 & 0 & 0 & I_5 & 0\\ 0 & 0 & 0 & -I_{64} & 0 & I_6 \end{bmatrix}$$

其中，I_j 为第 j 种模态下时惯性矩；I_{jk}为惯性力对坐标系(x,y,z)的乘积。

特别情况下，如果结构物无运动速度，且流速为 0，则附加质量和附加阻尼具有对称性，即 $A_{jk}=A_{kj}$，$B_{jk}=B_{kj}$。对于横向对称结构物而言，这 6 组耦合方程可以简化为两组，一组有 3 个耦合方程纵荡、垂荡、纵摇；另一组为横荡、横摇、艏摇，且两组之间无耦合效应。

海洋船舶等结构物在进行运动幅度的估算时，固有周期、阻尼和波浪激励力对运动幅度有很大影响。要避免船舶固有周期和波浪激励周期过于接近而发生共振,造成大幅度运动,从而不利于船舶安全。如果通过增加阻尼来弱化外界荷载的作用,会让船舶的固有周期和其他因素的周期难以分辨。所以结合上一个公式可知,在不考虑耦合作用,并且没有阻尼的情况下,结构物的谐摇周期可以由下式表达:

$$T_{ni}=2\pi\left(\frac{M_{ii}+A_{ii}}{K_{ii}}\right)^{\frac{1}{2}}$$

4.3 环境荷载原理

4.3.1 风荷载

工程上常采用模块法计算海上结构物风荷载,这也是 ABS 和 DNV 建议的方法。这种方法主要要采用将整个结构物分解成不同的模块,通过计算每个模块(标准化的)的风荷载的手段,最后叠加得到总的风荷载。所以其部分计算结果很大程度上影响总体的准确性。在海面高度 z 的风速为:

$$V(z)=V(z_{\gamma})\left(\frac{z}{z_{\gamma}}\right)^{p}$$

式中,z_{γ} 为参考高度;$V(z_{\gamma})$ 为参考高度风速;p 为指数,取 0.1 ~0.15。

平均风速作为计算风荷载时的使用值为:

$$V_{e}^{2}=\frac{1}{A}\iint V^{2}(y,z)\,\mathrm{d}y\mathrm{d}z$$

式中,A 为构件受风面大小;$V(y,z)$ 为其点(y,z)处风速。

第 i 个单个构件风荷载大小:

$$F_{i}=0.5\rho_{a}V_{e}^{2}AC_{i}$$

式中,ρ_{a} 为空气密度;C_{i} 为风荷载系数,表示风向角和船舶位置系数。

最终船舶总体风荷载大小:

$$F_{\mathrm{wind}}=\sum C_{qi}F_{i}$$

总的过程概括为:对船舶水面以上的主要模块进行了离散,根据各模块荷载特性确定荷载系数和影响修正系数,然后叠加各模块荷载便能得到船舶总风荷载。

4.3.2 流荷载

对于船舶水下部分进行流荷载分析,求流荷载系数时需要利用不可压缩流体的连续性方程和N-S方程：

$$\sum_{i=1}^{3}\frac{\partial u_i}{\partial x_i}=0$$

$$\frac{Du_i}{Dt}=F_i-\frac{1}{\rho}\frac{\partial p}{\partial x_i}+\nu\nabla^2 u_i$$

式中，u_i 为速度分量；F 为质量力分量（$i=1,2,3$）；ρ 为水密度；p 为压力；ν 为水的运动黏性系数。

船舶水下部分为钝体，水流在船舶表面发生绕流，因为湍流理论的本身尚未成熟无法直接进行计算机模拟，在实际应用中需要对控制方程进行雷诺平均，在消除高阶小量后进行数值计算：

$$\rho\frac{\partial u_i}{\partial x_i}=0$$

$$\rho\frac{\partial}{\partial x_i}\left(u_i u_j\right)=-\frac{\partial p}{\partial x_i}+\frac{\partial}{\partial_j}\left[\nu\left(\frac{\partial u_i}{\partial x_j}+\frac{\partial u_j}{\partial x_i}\right)\right]-\frac{\partial}{\partial x_j}\left(-\rho\,\overline{u_i' u_j'}\right)$$

以上为雷诺时均（RANS）方程。u_i 和 u_j 代表平均速度（$i,j=1,2,3$），$-\rho\,\overline{u_i' u_j'}$ 代表雷诺应力项。为了使 $-\rho\,\overline{u_i' u_j'}$ 项得以求解，要引入 Boussinesq 假设，使其与其他方程组成方程组，假设形式如下：

$$-\rho\,\overline{u_i' u_j'}=\mu_t\left(\frac{\partial u_i}{\partial x_j}+\frac{\partial u_j}{\partial x_i}\right)-\frac{2}{3}\left(\rho k+\mu_t\frac{\partial u_j}{\partial x_i}\right)\delta_{ij}$$

式中，μ_t 为湍流黏性系数；k 为湍动能；δ_{ij} 为 Kronecker 函数。

目前的湍流模型都多少含有经验成分，其计算精度从大到小顺序大致如下：RSM、RNG k-ε、SST k-ε、标准 k-ε。本书采用 RNG k-ε，足以保证计算精度。

湍动能 k 及湍动能耗散率 ε 由下式求解：

$$\frac{\partial(ku_j)}{\partial x_j}=\frac{\partial}{\partial x_j}\left[\left(\nu+\frac{\nu_t}{\sigma_k}\right)\frac{\partial k}{\partial x_j}\right]+P_k-\varepsilon$$

$$\frac{\partial(\varepsilon u_j)}{\partial x_j}=\frac{\partial}{\partial x_j}\left[\left(\nu+\frac{\nu_t}{\sigma_\varepsilon}\right)\frac{\partial \varepsilon}{\partial x_j}\right]+C_{\varepsilon1}P_k\frac{\varepsilon}{k}-C_{\varepsilon2}P_k\frac{\varepsilon^2}{k}$$

$$\frac{\nu_t}{\sigma_k}=\frac{\mu_t}{\rho}=C_\mu\frac{k^2}{\varepsilon}$$

式中，$P_k=-\overline{u_i' u_j'}\dfrac{\partial u_i}{u_j}$ 为湍动能项；ν_t 为湍流运动黏性系数；$C_{\varepsilon1}$、$C_{\varepsilon2}$、C_μ、σ_k、σ_ε 为经验常数。

最后应用有限体积法对控制方程进行离散，获得船舶受到的流荷载。

4.3.3 波浪荷载

海洋浮式结构物受到的波浪荷载包括:一阶波浪力(随波频变化)、二阶平均波浪力、速变(和频)及缓变(差频)波浪漂移力、高阶脉冲力。

一阶波浪力值与波幅成正比。二阶波浪力在包含两个频率 ω_i 和 ω_j 时,和频力是包含 $\omega_i+\omega_j$ 的项,差频力则是带有 $\omega_i-\omega_j$ 的项,此外二阶力还包括一个平均成分。相对于一阶力,二阶力的量级小很多。和频力主要在张力腿平台(TLP)船舶垂荡、纵摇、横摇运动的共振时考虑;差频力的作用主要体现在海洋结构物系泊状态下纵荡、横荡、艏摇的运动响应上。

(1)一阶波浪力

首先将各频率、各浪向下的波浪力 $f_i(\omega)$ 计算,结合频域和脉冲响应结果可知:

$$F_i^{\mathrm{wave}(1)}(t)=\int_{-\infty}^{t}h_i(t-\tau)\eta(\tau)\mathrm{d}\tau$$

式中,$\eta(\tau)$ 为 τ 时的波浪自由液面坐标,$\eta(\tau)=\delta(\tau)$ 时,$F_i^{\mathrm{wave}(1)}(t)=h_i(t)$ 为线性脉冲函数。$h_i(t)$ 与频率响应 $f_i(\omega)$ 互为傅汝德变换:

$$\begin{cases}f_i(\omega)=-\int_{-\infty}^{\infty}h_i(t)\mathrm{e}^{-\mathrm{i}\omega t}\mathrm{d}t\\[2ex] h_i(t)=\dfrac{1}{2\pi}\int_{-\infty}^{\infty}f_i(\omega)\mathrm{e}^{-\mathrm{i}\omega t}\mathrm{d}t\end{cases}$$

所有频率下 $f_i(\omega)$ 在得到之后由上式求得 $h_i(t)$,根据波浪的时间历程曲线 $\eta(\tau)$,可以求出时域范围下的一阶波浪力 $F_i^{\mathrm{wave}(1)}(t)$。

(2)二阶波浪漂移力

利用傅汝德变换可将二阶传递函数(各频率、浪向)转换为二次脉冲响应函数 $g(\tau_1,\tau_2)$:

$$g(\tau_1,\tau_2)=\left(\frac{1}{2\pi}\right)^2\int_{-\infty}^{+\infty}\int_{-\infty}^{+\infty}G_i^{(2)}(\omega_1,\omega_2)\mathrm{e}^{(\mathrm{i}\omega_1\tau_1-\mathrm{i}\omega_2\tau_2)}\mathrm{d}\omega_1\mathrm{d}\omega_2$$

$$G_i^{(2)}(\omega_1,\omega_2)=P(\omega_1,\omega_2)+\mathrm{i}Q(\omega_1,\omega_2)$$

式中,$P(\omega_1,\omega_2)$、$Q(\omega_1,\omega_2)$ 是二阶传递函数;τ_1、τ_2 为相隔时间。提供波浪时程 $\zeta(t)$,则二阶波浪力的时间历程为:

$$F_i^{\mathrm{wave}(2)}(t)=\int_0^{+\infty}\int_0^{+\infty}g_i(\tau_1,\tau_2)\zeta(t-\tau_1)\zeta(t-\tau_2)\mathrm{d}\tau_1\tau_2$$

4.4 护舷作用

为了缓冲船舶系泊时与码头的碰撞,需要在船舶和码头之间,加入码头护舷,另外在有驳船垫靠的情况下也需要加入橡胶护垫。因为,护舷的非线性刚度特性使其模拟复杂,一般会对其进行相应简化,可采用线性化的处理方式,将护舷达到最大受力之前的部分看作线性力。其用胡克定律可作如下表达:

$$F_r = -k\Delta x$$

式中,k 为护舷线性刚度系数;Δx 为变形量;F_r 为线性护舷反力。

4.5 系泊缆绳计算理论

系泊缆绳在海洋结构物系泊时起到限制其六自由度运动,从而防止结构物因为运动幅度过大造成结构损坏或者碰撞的作用。本书采用悬链线模型(悬链线理论),考虑到该模型比较适合在水深比较浅时进行系泊分析,假设系泊缆绳自重远大于流体力,忽略自身惯性。其方程为:

$$l_w - \sqrt{\left(h + 2\frac{T_h}{p}\right)h} - l' + \frac{T_h}{p}\mathrm{sh}^{-1}\left[\frac{p}{T_h} + \sqrt{\left(h + 2\frac{T_h}{p}\right)h}\right] = 0$$

式中,l_w 为未伸长缆绳长度;l' 为缆绳拉伸后长度;T_h 为水平张力;h 为水深,p 则是悬链线水中单位重量。

4.6 三维时域下系泊船舶的运动响应研究

本书在船舶动力响应计算时采用时域耦合计算,船舶系泊过程的分析与模拟使用 ARIANE 软件,软件界面如图 4-2 所示。

ARIANE 是一款完全整合的系泊水动力分析软件,可以应用于任何一种系泊形式(Spread、SPM、CALM、SPAR、Tandem 等),可提供强大的绘图输出功能,同时它非常适用于解决深水和浅水系泊问题。此软件具有计算速度快、准确性高、适用范围广、可视化程度高、易于操作等优点。在特定的海洋环境下,系泊结构物会相应出现一定程度的运动,时域分析可以模拟这种情况,使得结构物在海洋中的运动较为真实地反映在计算机中,通过分析前后时刻结构物的运动、缆绳受力等因素,使得结果更加可信。

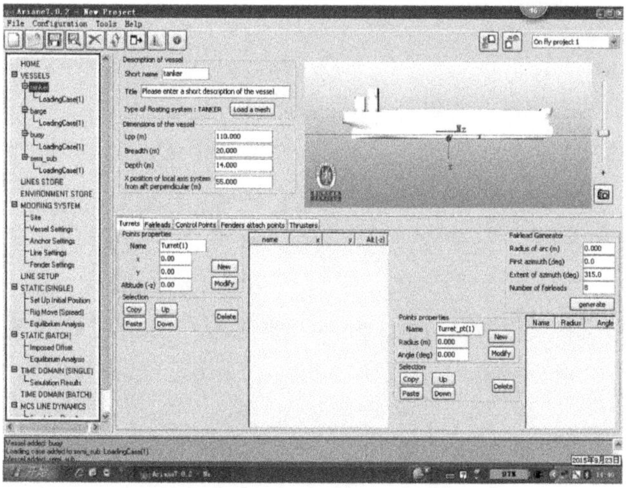

图4-2　ARIANE 软件界面

4.6.1　时域频域相互转换

随机过程谱分析代表其由时域向频域转变，傅立叶变换和逆变换在其中起到了中介作用，如下式所示：

$$X(\omega) = \int_{-\infty}^{\infty} x(t)\,\mathrm{e}^{-\mathrm{i}\omega t}\mathrm{d}t$$

$$x(t) = \int_{-\infty}^{\infty} x(\omega)\,\mathrm{e}^{-\mathrm{i}\omega t}\mathrm{d}\omega$$

由 Cummins 脉冲响应原理可知，可以把结构物在某个时刻的运动看作一系列脉冲响应的瞬间叠加，在分析波浪运动时也可以对波浪进行这种处理，将频域和时域分析结合，一般将频域计算的结果通过傅立叶变换直接转换为时域的计算结果。因为频域分析本身速度较快，间接提高了时域分析的速度，将问题转换，提高了计算精度和速度。

4.6.2　求解系泊船舶时域运动方程

根据牛顿第二定律可知，船舶运动的方程为：

$$\boldsymbol{M}\ddot{\boldsymbol{x}} + \boldsymbol{C}\dot{\boldsymbol{x}} + \boldsymbol{D}_1\boldsymbol{x} + \boldsymbol{D}_2\boldsymbol{f}(\dot{\boldsymbol{x}}) + \boldsymbol{K}(\boldsymbol{x})\boldsymbol{x} = \boldsymbol{q}(t,\boldsymbol{x},\dot{\boldsymbol{x}})$$

$$\boldsymbol{M} = \boldsymbol{m} + \boldsymbol{A}(\omega)$$

$$\boldsymbol{A}(\omega) = \boldsymbol{A}_{\infty} + \boldsymbol{a}(\omega)$$

$$\boldsymbol{A}_{\infty} = \boldsymbol{A}(\omega = \infty)$$

$$C(\omega) = C_\infty + c(\omega)$$

$$C_\infty = C(\omega = \infty)$$

式中，M 为频域下的质量矩阵；m 为船舶自身质量；A 为频域下附加质量矩阵；C 为频域下势流阻尼矩阵；D_1 为一阶线性阻尼矩阵；D_2 为二阶阻尼矩阵；f 元素由 $f_i = \dot{x}_i|\dot{x}_i|$ 得出；K 为静水力刚度矩阵，与位移相关；x、$\dot{x}$、$\ddot{x}$ 分别为物体或节点的位移、速度及加速度向量；q 是激励力，成分主要包括：

$$q(t,x,\dot{x}) = q_{WI} + q_{WA}^{(1)} + q_{WA}^{(2)} + q_{CU} + q_{ext}$$

式中，q_{WI} 为风拖曳力成分；$q_{WA}^{(1)}$ 为一阶波浪力；$q_{WA}^{(2)}$ 为二阶波浪力；q_{CU} 为流荷载；q_{ext} 为系泊系统顶端回复力（一般由系统本身给出）、波浪慢漂阻尼、护舷反力等其他外力。

时域分析时，有多种求解方法，比较常见的是延时函数法和运动分离的方法。

4.6.3 耦合作用

耦合作用的分析本质上是分析解决系泊船舶与相连缆绳之间相互作用问题。以往就有相关学者对此进行了大量研究，但是，过去解决耦合问题的方案通常是单独分析系泊缆绳的作用和系泊船舶的作用，没有将两者在同一个运动方程中分析求解。由于这种方法忽视了系泊船舶和缆绳相互作用以及港内水动力环境对系泊系统的影响，计算结果并不是很精确。

对整个系统的时域历程进行求解积分是耦合分析的关键，这里要把船舶和相关系泊系统看作一个整体，在每次迭代求解方程时，都把船舶和系泊缆绳看作整体来处理。从而得到每步迭代的相关力学特性。与传统方法的最大不同在于，耦合分析本质上将船舶与系泊缆绳两个相互独立的部分当作一个主体来处理，在同一运动方程内求解共同作用结果。

系泊船舶的耦合方程表达式为：

$$R^{I}(r,\ddot{r},t) + R^{D}(r,\dot{r},t) + R^{S}(r,t) = R^{E}(r,\dot{r},t)$$

式中，$R^{I}(r,\ddot{r},t)$ 为惯性力矢量；$R^{D}(r,\dot{r},t)$ 为阻尼力矢量；$R^{S}(r,t)$ 为内部结构力矢量；$R^{E}(r,\dot{r},t)$ 为外力矢量，r、$\dot{r}$、$\ddot{r}$ 为结构的位移、速度和加速度。此微分方程是非线性的，代表了结构物位移、速度同惯性力、阻尼力、外力矢量的耦合作用，同时非线性也体现在结构位移和内部力中间。

第5章　系泊船舶相关安全标准

5.1　船舶运动量标准

船舶在波浪的作用下通常会发生摇荡运动，如将船体看作刚体，则这种摇荡运动可以分解为3种线位移和3种角位移，分别称为横移、纵移、升沉和横摇、纵摇和回旋，即船舶的6个自由度运动。船舶过大的摇荡运动，对其航行安全和使用性能均产生不利影响，如引发砰击、上浪、失速和螺旋桨飞车等现象，将严重影响船舶航行安全，对于系泊船舶而言，运动量过大，则影响船舶装卸作业的效率和安全。

国外在20世纪进行了按船舶类型（散货船、集装箱船、油船、杂货船等）区分的港口装卸安全作业与船舶运动量相关标准的研究。国际航运协会（PIANC）在1995年出版的《系泊船舶运动准则实用指南》中给出的船舶运动振幅与船舶装卸效率的关系图（图5-1）：当船舶运动量位于A与B之间时，货物装卸效率可以达到100%；当运动量位于B与C之间时，随着运动量的增加，货物装卸效率逐渐降低；当运动量位于C时，达到货物安全装卸的极限；当运动量位于C与D之间时。船舶仍然可以停靠码头，但货物装卸已停止；当运动量超过D时，船舶必须离开码头。同时，针对不同船型，给出了一个船舶安全作业允许的船舶运动量推荐标准，见表5-1。英国规范采用了与国际航运协会推荐标准基本类似的船舶运动量范围，但油船纵、横移的允许运动量为0.5～2.0m，液化气船纵、横移的允许运动量为0.5m，均严于PIANC的推荐值。美国军方在其 *Unified Facllities Criteria*（*UFC*）*Design*：*Moorings* 中则直接引用了国际航运协会推荐标准。

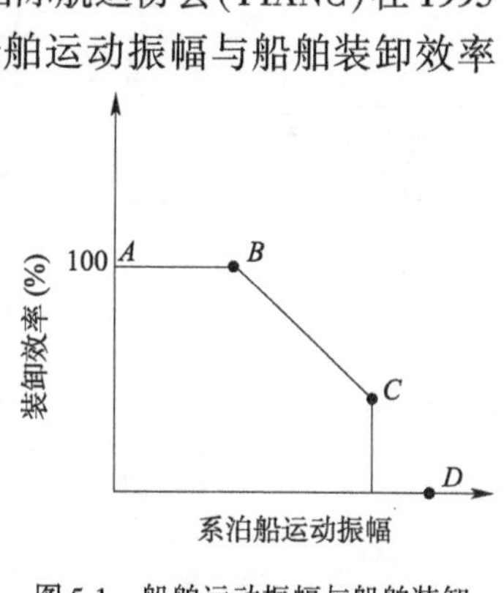

图5-1　船舶运动振幅与船舶装卸效率的关系图

我国也开展了相关研究，并在《海港总体设计规范》（JTS 165—2013）和《液化天然气码头设计规范》（JTS 165-5—2016）中给出了船舶装卸作业允许的运动量，分别见表5-2、表5-3。从中可知，我国的规范也基本沿用了PIANC的推荐标准，但油船纵、横移的允许运动量为0.5～2.0m，与英国规范一致，对于液化天然气船，根据不同船舶舱容，给出了不同的运动量范围，其中纵、横移的允许运动量为2.0m，与PIANC的推荐标准一致。

不同船舶安全作业推荐允许运动量标准（PIANC，1995）　　表5-1

船　型	装卸设备	允许运动量					
		纵移（m）	横移（m）	升沉（m）	回转（°）	纵摇（°）	横摇（°）
渔船 10～3000 GRT	起重机	0.15	0.15	0.4	1.0	1.0	2.0
	提升设备	1.0	1.0		2.0	1.0	3.0
	吸泵	2.0	1.2		1.0	1.0	2.0
近海货船＜10000DWT	船机	1.0	1.2	0.6	1.0	1.0	4.0
	装卸船	1.0	1.2	0.8	3.0	2.0	4.0
渡轮 滚装船	侧向跳板	0.6	0.6	0.6	—	1.0	1.0
	艏、艉跳板	0.8	0.6	0.8	3.0	2.0	5.0
	联系桥	0.4	0.6	0.8	1.0	1.0	3.0
	钢轨滑道	0.1	0.1	0.4	1.5	2.0	6.0
杂货船	—	2.0	1.5	1.0	3.0	2.0	5.0
集装箱船	100%效率	1.0	0.6	0.8	1.0	1.0	3.0
	50%效率	2.0	1.2	1.2	1.5	2.0	6.0
散货船	抓斗卸船机	2.0	1.0	1.0	2	2	6
	连续卸船机	1.0	0.5	1.0	2	2	2
	装船机	5.0	2.5	—	3.0	—	—
油船	装卸臂	3.0	3.0	—	—	—	—
液化气船	装卸臂	2.0	2.0	—	2.0	2.0	2.0

注：1. 横移为0至最大值，其他均为正负最大值。

2. 在开敞水域，油船装卸臂允许最大纵移5m。

在使用运动量标准衡量船舶装卸作业条件时，对于国内工程，一般直接采用我国的规范（注：油船通常要求纵、横移不超过2m）；对于国外工程，一般采用PIANC推荐标准。

装卸作业允许的船舶运动量[《海港总体设计规范》(JTS 165—2013)]　表5-2

船　型	装卸设备	允许运动量					
		纵移(m)	横移(m)	升沉(m)	回转(°)	纵摇(°)	横摇(°)
近海货船＜10000DWT	船机	1.0	1.2	0.6	1.0	1.0	2.0
	装卸船	1.0	1.2	0.8	2.0	1.0	3.0
渡轮滚装船	侧向跳板	0.6	0.6	0.6	1.0	1.0	2.0
	首、尾跳板	0.8	0.6	0.8	1.0	1.0	4.0
	联系桥	0.4	0.6	0.8	3.0	2.0	4.0
	钢轨滑道	0.1	0.1	0.4	—	1.0	1.0
杂货船	—	2.0	1.5	1.0	3.0	2.0	5.0
集装箱船	100%效率	1.0	0.6	0.8	1.0	1.0	3.0
	50%效率	2.0	1.2	1.2	1.5	2.0	6.0
散货船	抓斗卸船机	2.0	1.0	1.0	2.0	2.0	6.0
	连续卸船机	1.0	0.5	1.0	2.0	2.0	2.0
	装船机	5.0	2.5	—	3.0	—	—
油船	装卸臂	0.5~2.0	0.5~2.0	—	—	—	—
液化气船	装卸臂	2.0	2.0	—	2	2	2

注：横移为0至最大值，其他均为正负最大值。

液化天然气船舶的允许运动量[《液化天然气码头设计规范》(JTS 165-5—2016)]

表5-3

船舶舱容 V (m^3)	允许运动量					
	纵移(m)	横移(m)	升沉(m)	横摇(°)	纵摇(°)	回旋(°)
$V \geq 80000$	2.0	2.0	—	2.0	2.0	2.0
$40000 \leq V < 80000$	2.0	2.0	—	2.0	2.0	2.0
$10000 \leq V < 40000$	2.0	2.0	—	3.0	2.0	2.0
$V < 10000$	2.0	2.0	—	3.0	2.0	2.0

5.2 船舶系缆力和撞击力标准

(1)系缆力标准

我国《港口工程荷载规范》(JTS 144-1—2010)10.2.4 条规定"系缆力的标准值不应大于缆绳的破断力。缆绳破断力应按缆绳材质和规格确定。当缺乏资料时,可按附录 G 确定"。

石油公司国际海事论坛(OCIMF)《系泊设备指南》*Mooring Equipment Guidelines*(2008)规定,对于钢缆(steel wire),其缆绳所受拉力不应大于其最小破断力(MBL)的 55%;对于合成纤维缆(synthetic rope),其缆绳所受拉力不应大于其最小破断力的 50%;对于尼龙缆(polyamide rope),其缆绳所受拉力不应大于其最小破断力的 45%。OCIMF 对系泊绞车的指导要求中规定,卷筒的最大静拉力不能超过缆绳破断力的 50%,以避免系泊缆绳承担过大的负荷。

由于在具有随机性和非线性的环境荷载(风、浪、流)作用下,系泊缆绳所受力的大小随机性较大,各组缆绳力也相差较大,分布并不均匀,而且在不长时间内就会发生变化,如果某一条缆绳的实际拉力超过缆绳破断力,造成该缆绳松脱或者断开,就会产生连锁反应,使其余的缆绳失效,从而造成船舶失控漂移等故障,因此应充分考虑缆绳破断的安全富余量。故在使用系缆标准衡量船舶系泊安全时,一般采用石油公司国际海事论坛(OCIMF)的规定。

(2)撞击力标准

当实测撞击力和撞击能量超过护舷的设计撞击力和撞击能量时,则认为护舷型号不满足要求。

第6章 大型开敞式码头船舶作业条件保障系统

6.1 海浪数值预报

根据第2章波浪数值模型理论,针对国内某码头区域建立模型参数化方案,计算区域首先选取工程区域(图6-1、图6-2),以CCMP风场及ECMWF风场为模型的驱动力,计算至中国黄海海域,针对将董家口码头进行模型的精细化处理进行二次嵌套计算。其中,考虑涌浪的传播具有明显的线性特点,尤其是低频部涌浪,几乎不存在非线性相互作用,能够不受衰减地自由传播。0.125Hz(相当于8s周期)为涌浪低频部分和高频部分划分频率,即小于0.125Hz的低频涌浪可以不受衰减地自由传播,而频率大于0.125Hz的高频涌浪将很快地衰减,即在一个时间步长(1h)内全部衰减。另一方面,频率大于0.125Hz的能量在谱中仅占很小的部分,即使略去也无大的影响。初始条件假定海面是平静的。这种人为的初始条件一般需24~48h可以消除,其时间长短视起始时刻是否有较大风浪或涌浪而定。边界条件有两类:一类为陆边界,假定陆边界波浪能量全部吸收;另一类为开边界,假定波浪能量可以自由通过开边界。这种边界条件当预报海域以外波浪能量比预报海域内较大时,过小估计了外海域的贡献;反之,则过大估计了外海域的贡献。但是这种边界条件不会造成预报海域内波浪能量的人为积储。

图6-1 工程区域网格分布

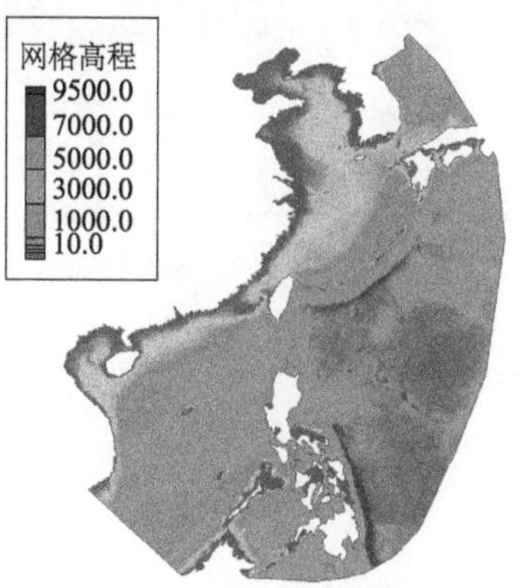

图6-2 工程区域地形特征

冷锋也是引起工程海区较大波浪的主要天气系统之一。对2016年6月和2018年3月的天气过程各进行了1个月的波浪后报。图6-3为2016年6月董家口码头区域有效波高模型计算值与实测值对比过程，从图可以看出，有效波高的最大值和等值线分布相当一致。图6-4是2018年3月董家口码头区域前沿波浪的有效波高模型计算值与实测值的比较图，从图中看出其演变趋势相当吻合。对模型计算值和实测值的误差进行统计分析，结果表明，相关系数是0.83，平均误差为0.49m，方差为1.01m。

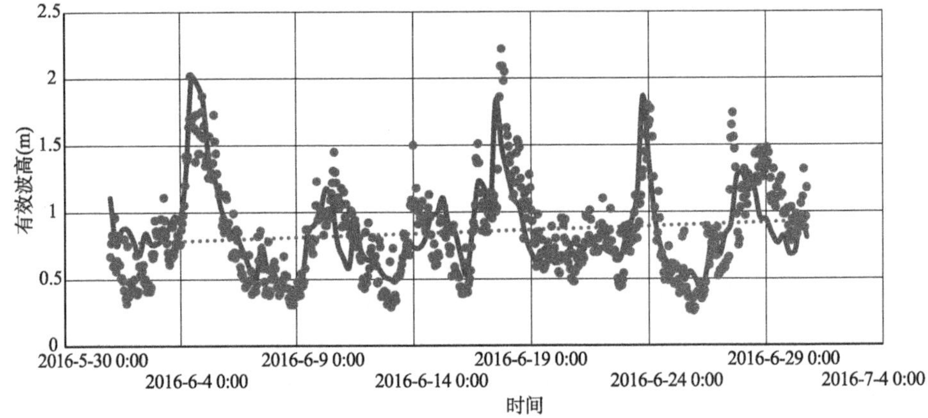

图6-3 2016年6月董家口码头区域有效波高模型计算值与实测值对比过程

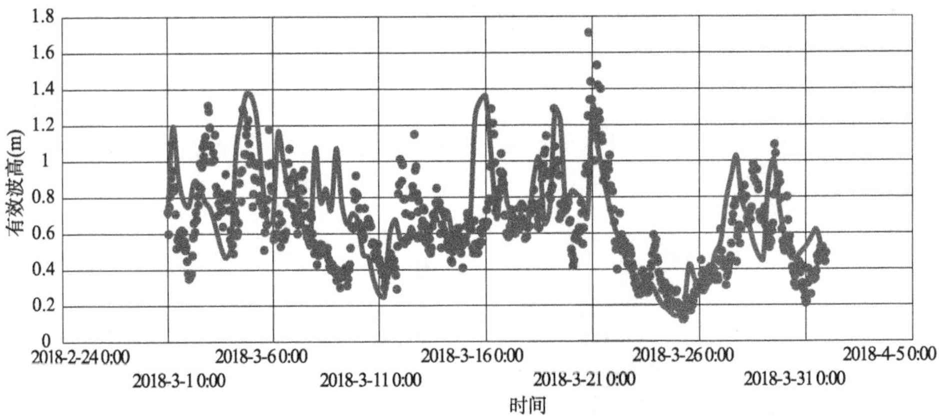

图6-4 2018年3月董家口码头区域前沿波浪的有效波高模型计算值与实测值对比

6.2 系泊船舶运动响应预报

本节通过理论计算、数值模拟与现场监测相结合的手段，实现系泊船舶运动量、缆绳拉力与护舷撞击力的预报，为码头作业生产提供技术指导。

大吨位船舶属于大尺寸结构物，针对大吨位船舶停靠特点，拟在频域下，基于线性绕射理论，采用数值计算方法求得波动场的总速度势；然后应用线性化的伯努利方程求解波浪力，再经过傅立叶变换，应用刚体运动方程，求得物体的运动响应。根据上述理论和工作预测需求，制定船舶运动响应预报流程，如图 6-5 所示，现对各分项工作进行详述。

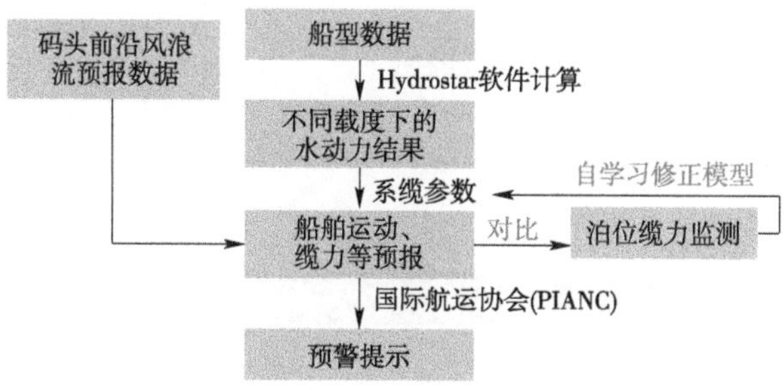

图 6-5　船舶运动响应预报流程图

6.2.1　船舶参数选取

调研停靠泊位的主力船型，从中选择具有代表性的船型（2 ~ 3 艘），暂定 30 万吨船和 20 万吨船，进行模型参数预报，如表 6-1 和图 6-6 所示，预报过程考虑船舶载度随着装卸量的变化（吃水）而改变的情况，考虑满载、半载和压载 3 个载度。

某 30 万吨级油船参数　　表 6-1

参　　数	30 万吨级油船		
	满载	半载	压载
船总长（m）	334	334	334
柱间长（m）	326	326	326
船型宽（m）	60	60	60
型深（m）	31.2	31.2	31.2
吃水（m）	22.5	14	10.8
排水量（t）	378926.1	227917	171058.1
重心高（m）	21.2	20.6	21.5
浮心高（m）	12.375	8.05	6.75
稳心半径（m）	14.286	22.431	26.371

续上表

参数	30万吨级油船		
	满载	半载	压载
纵稳心半径(m)	341.601	478.439	437.912
稳性高(m)	5.46	9.88	11.62
纵稳性高(m)	332.78	465.89	423.16
横摇周期(s)	18.21	14.06	13.14
纵摇周期(s)	13.61	10.73	10.52

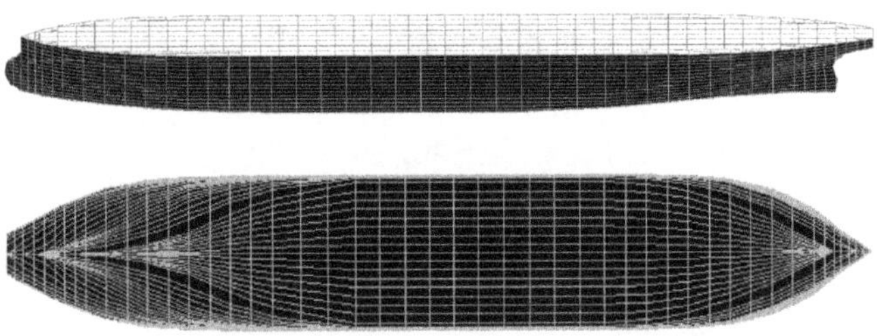

图6-6　船舶水动力模型示意图

6.2.2　船舶水动力分析

应用上述公式，分别建立各自的定解条件，通过数值计算得到浮体的附加质量、阻尼系数和波浪荷载等水动力特征。

基于以上方法，得出停靠该泊位的主力船型对应的不同载度下的水动力参数库，在后续计算求解时，直接调用不同载度对应的附加质量、阻尼和波浪荷载数据库。

6.2.3　平面布置

某港区30万吨级原油码头工程位于已建防波堤外侧，东临已建30万吨级矿石码头。码头呈蝶形布置，由工作平台、6个系缆墩(MD_1 ~ MD_6)、4个靠船墩(BD_1 ~ BD_4)及引桥组成。码头总长为450m，码头轴线走向56°15′~236°15′，码头前沿底高程-27.0m，引桥总长455m。码头结构考虑重力式圆沉箱结构方案，圆沉箱直径均为15m，系缆墩顶高程为+9.5m，靠船墩顶高程为+10.5m，工作平台面板高程+13.5m；系缆墩、靠船墩和工作平台之间由人行桥连接，在系、靠船墩上设人行桥支座，人行桥底高程为+13.5m。

船舶系泊示意图如图6-7所示。

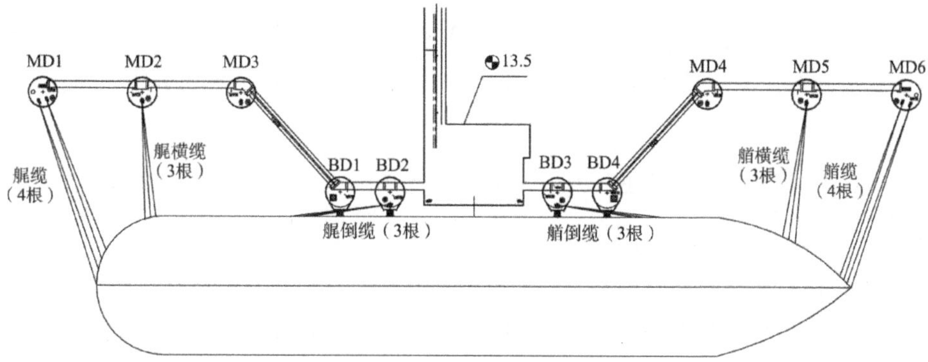

图6-7　船舶系泊示意图

6.2.4　缆绳及护舷模拟

对30万吨船舶，初步考虑采用ϕ75mm尼龙缆绳，缆绳布置采用4∶3∶3方式。

4个靠船墩上分别设置二鼓一板SUC 3000H(R1)型单鼓低反力型鼓型橡胶护舷，其性能见表6-2和图6-8。

SUC3000H(R1)型单鼓低反力型橡胶护舷性能表　　表6-2

橡胶配方	设计反力(kN)	最大反力(kN)	设计吸能量(kN·m)	最大吸能量(kN·m)
R1标准反力型	3750	4400	4300	4650

注：设计压缩变形47.5%，最大压缩变形50%，公差±10%。

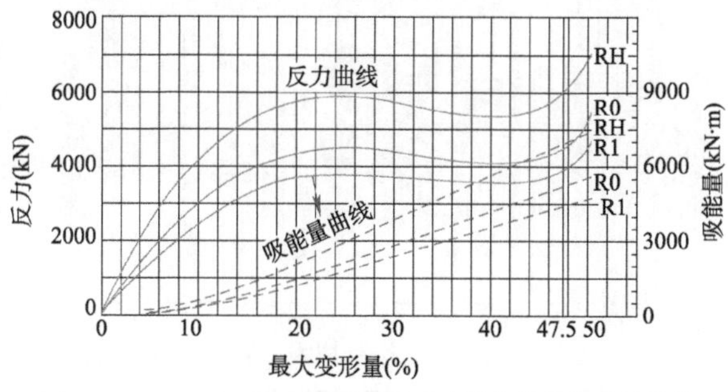

图6-8　SUC3000H(R1)型单鼓低反力型橡胶护舷性能曲线

6.2.5　建立时域分析预报模型

计算采用时域分析方法求解系泊系统的响应，考虑缆绳及护舷的非线性刚度，建立了系泊船舶在风、浪、流等环境荷载和系泊荷载共同作用下处于平衡的运动方程。在时域内，考虑系泊系统之后的平衡方程如下式所示：

$$(\boldsymbol{M}_{ij}+\boldsymbol{A}_{ij})\ddot{\boldsymbol{X}}_j+\int_{-\infty}^{t}[R_{ij}(t-\tau)]\dot{\boldsymbol{X}}_j\mathrm{d}\tau+\boldsymbol{C}_{ij}\boldsymbol{X}_j=\boldsymbol{F}_{\mathrm{wj}}(t)+\sum_{k=1}^{n}\boldsymbol{F}_{\mathrm{m}k}+\boldsymbol{F}_{\mathrm{c}}++\boldsymbol{F}_{\mathrm{wind}}+\boldsymbol{F}_{护舷}$$

式中,$\boldsymbol{M}_{ij}$为浮体质量矩阵;$\boldsymbol{A}_{ij}$为浮体附加质量矩阵;$\boldsymbol{X}_j$ 为浮体的位移向量(包括纵移、横移、升沉、横摇、纵摇和艏摇);$\boldsymbol{C}_{ij}$ 为浮体恢复力系数矩阵; $R_{ij}=\frac{2}{\pi}\int_0^{\infty}B_{ij}(\omega)\frac{\sin\omega t}{\omega}\mathrm{d}\omega$ 为系统的时延函数;$\boldsymbol{F}_{\mathrm{m}}$ 为系泊力;n 为锚泊线的数量;$\boldsymbol{F}_{\mathrm{w}}$ 为波浪力;$\boldsymbol{F}_{\mathrm{c}}$ 为流荷载;$\boldsymbol{F}_{\mathrm{wind}}$为风荷载;$\boldsymbol{F}_{护舷}$为承受的护舷荷载。

上式中的参数均提前算好,在预报时直接进行调用,以达到预报及时的目的,模型如图6-9所示,模拟结果如图6-10所示。从模拟的时间历程响应中,选择相应工况对应的最大值作为预报值,与现场进行对比验证,进而优化相关计算参数,提高计算的准确度。

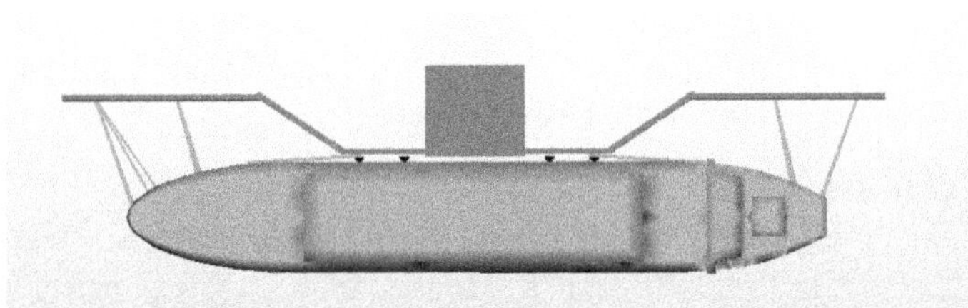

图6-9　模型示意图

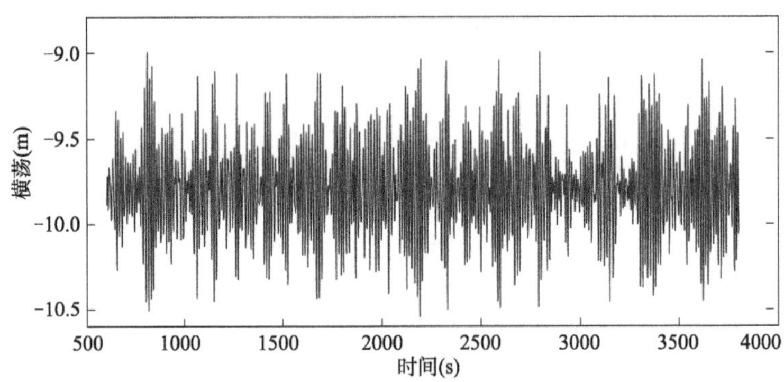

图6-10　模拟结果图

6.2.6　基于神经网络方法的船舶运动响应预测技术

1)数据集说明

(1)数据清洗

原始数据存储在 Database_20050101.xls 文件中,共有 10532 条试验数据,首先对数据集进行数据清洗,删除掉错误和冗杂的数据。

①删除 remark 为 Prototype;donotuseforneuralnetwork! 的数据行;

②删除 $q<10^{-6}\mathrm{m}^3/\mathrm{s}/\mathrm{m}$ 的数据行;

③删除缺失参数数据的数据行;

④删除 RF = 4 或者 CF = 4 的数据行。

数据清洗完后,还剩余 6822 条数据。之后,为了便于程序执行,删除 name 列,保存数据到 excel 表格中。

(2)数据归一化处理

为了消除模型比尺的影响和数据之间的量纲,同时也便于对神经网络进行训练,需要进一步对数据进行归一化处理。

2)输入参数

船舶吃水、波浪周期、波高、波向、风速、风向、流速、流向作为输入参数。

3)输出参数

在该项目训练的模型中输出结果为船舶的六自由度运动量(横荡、纵荡、垂荡、横摇、纵摇和艏摇)、缆绳拉力(艏缆、艏横缆、艏倒缆、艉倒缆、艉横缆和艉缆)、护舷撞击力(4 个护舷)。

4)构建神经网络

(1)输入层

输入为 8 个参数,包括风浪流要素、船舶装载等。

(2)隐含层

隐含层节点设置为 20 个,激活函数为非线性函数,选取 th 函数,见图 6-11,即:

$$f(z)=\mathrm{th}(z)=\frac{\mathrm{e}^{z}-\mathrm{e}^{-z}}{\mathrm{e}^{z}+\mathrm{e}^{-z}}$$

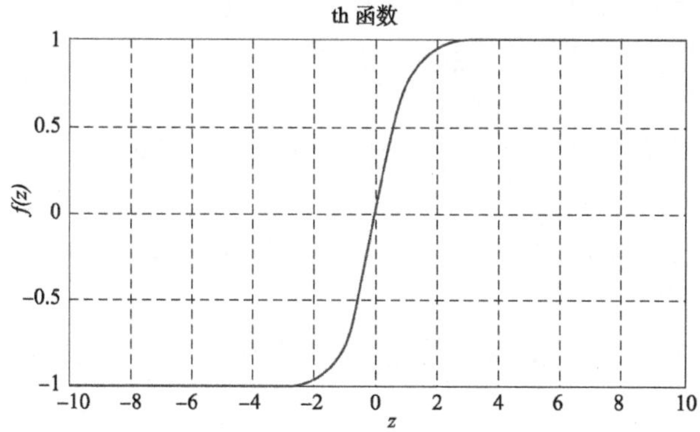

图 6-11　th 函数图

(3)输出层

输出为 16 个参数,即运动量、缆力和护舷撞击力。

(4)神经网络结构

将神经网络的结构设置好,损失函数为均方误差 MSE,即:

$$\mathrm{MSE}(y,y') = \sum_{i=1}^{n}\frac{(y_i - y'_i)^2}{n}$$

式中,y_i 为一个 batch 中第 i 个数据的试验值;y'_i 为神经网络给出的预测值。训练函数为 trainlm( ),即采用 Levenber-Gmarquardt 算法。构建好的神经网络如图 6-12所示。

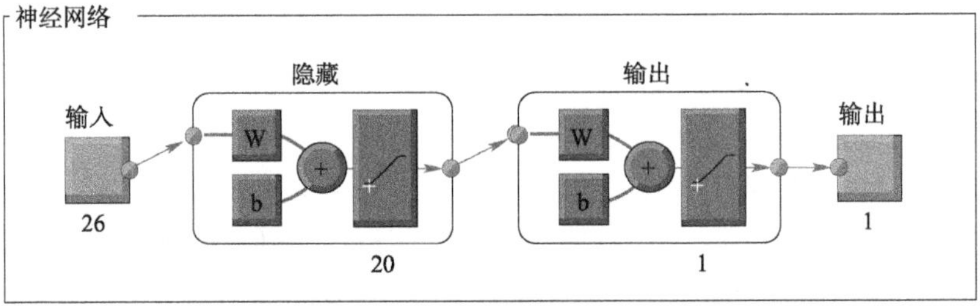

图 6-12　构建好的神经网络图

W-权重,b-阈值

5)训练集和测试集

(1)Bootstrap Resampling(有放回重采样)

它是一种有放回的抽样方法,它是非参数统计中一种重要的估计统计量方差进而进行区间估计的统计方法。其核心思想和基本步骤如下:

①采用重抽样技术从原始样本中抽取一定数量 N(自己根据测试需要设定)的样本,此过程允许重复抽样。

②根据抽出的样本计算给定的统计量 T。

③重复上述 L 次,得到 L 个统计量 T。

④计算上述 L 个统计量 T 的样本方差,得到统计量的方差。

(2)选择训练集和测试集

对于本次试验,采取以下步骤进行采样和并选取神经网络的训练集和测试集:

①采用重抽样技术从原始样本中抽取数量为 $N=6822$ 的样本,此过程允许重复抽样。

②将抽出的样本作为训练集来训练神经网络,进而预测运动量等参数。

③重复上述 $L=500$ 次，得到 L 个运动量的统计量 q。

④计算上述 L 个统计量 q 的样本方差，得到运动量等数值的方差。

容易得到，原始样本中的任一个样本被抽中的概率值为63%，不被抽中的概率值为37%。原始样本中约4298个样本作为训练集，2154个样本作为测试集。

6）训练结果分析

（1）误差分析

随着迭代次数的增加，可以看到该神经网络的训练误差、验证误差和测试误差迅速减小至 1.0×10^{-2} 以下，表明该网络模型效果非常好（图6-13）。

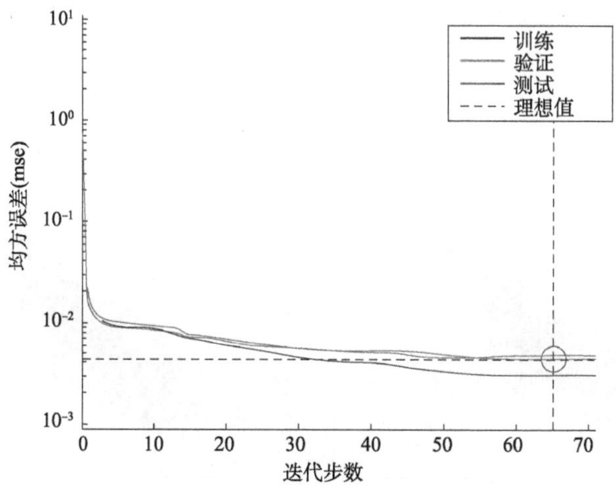

图6-13　误差分析图

（2）线性相关分析

图6-14中 R 值依次为训练样本、验证样本、测试样本和全部样本的回归系数，可以看到 R 值均在0.9以上，表明该网络预测的结果和试验结果有很强的线性相关性，表明该网络模型有很好的预测能力。

7）预测结果分析

通过模型进行计算后，得到在预测的船舶运动量，将预测结果与试验值进行误差对比，误差结果显示出模型运算的准确性。将结果处理得到图6-15，可以看出大部分数据都落在了置信区间内。

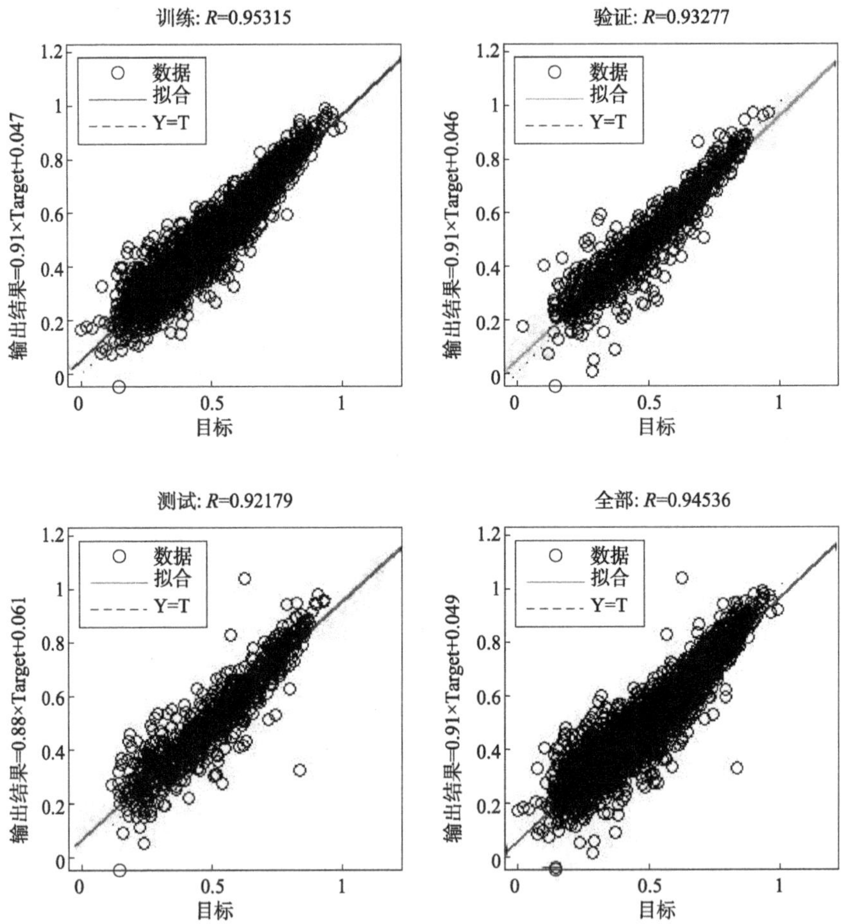

图 6-14　计算结果的线性分析图

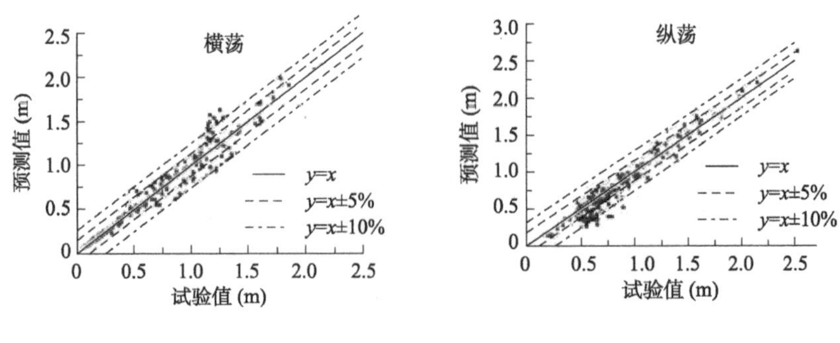

图　6-15

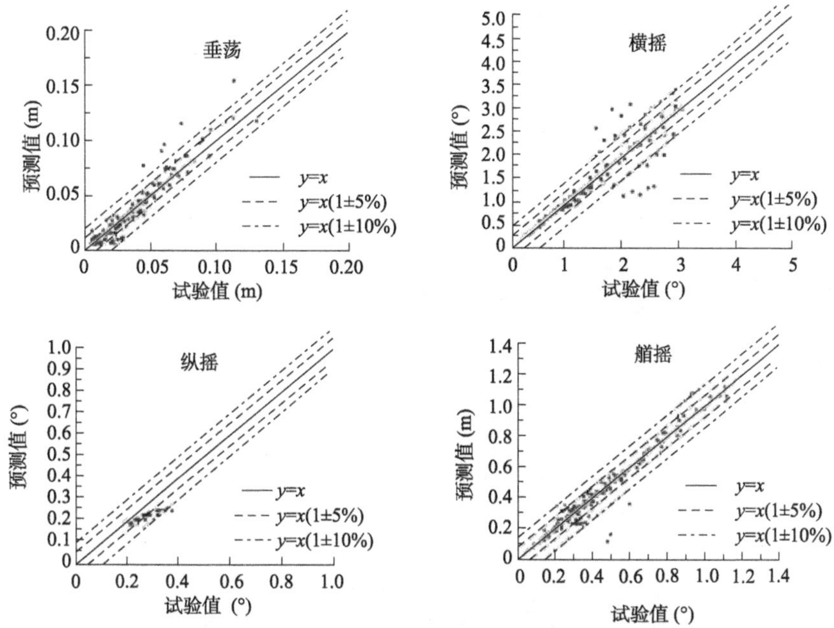

图6-15　预测结果分析图

6.2.7　预报预警

根据以上分析,依次给出可作业、基本满足作业、不可作业但可系泊、须逃离码头的等级预警提示,以提升系泊作业可靠性和应对突变天气能力,达到利用系统综合分析,规避人员经验判断失误的风险。预警功能界面如图6-16所示。

图6-16　预警功能界面

6.3 系统数据管理

系统数据流向如图 6-17 所示。

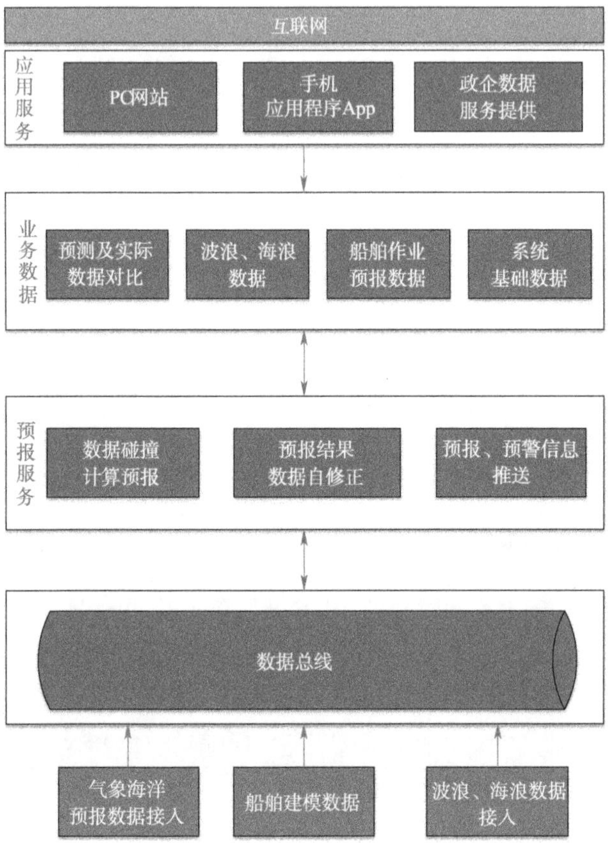

图 6-17 系统数据流向图

6.3.1 系统性能设计

船舶作业条件预报预警系统软件平台要求在运行效率、数据交互、系统配置等方面具有较高的性能，硬件要求具有较强的处理能力、较高的性价比，软件要求有较高的操作便利、较为高效科学的算法及可靠、稳定，以及较高的可维护性。

1)系统性能要求

(1)数据中心基础设施服务

本系统将提供平台运行的基础设施服务,包括保证7×24h平台系统在线运行的稳定性、高效性,保证高效率的数据交换性能的优化及安全性。

(2)共用服务组件库

系统设计采用主流关系数据库Oracle、各类应用接口,提供给各节点共享,通过配置服务组件的参数即可实现与应用系统、数据库的数据交换。

2)性能指标设计

(1)请求并发访问量≥50;

(2)系统登录平均响应时间≤2s;

(3)页面进入、切换、操作的时间≤2s;

(4)常用查询响应时间≤5s;

(5)非常用查询、模糊查询、多条件组合查询响应时间≤10s。

3)系统可靠性

(1)系统支持7×24h的工作模式;

(2)系统宕机时间每年不超过3次;

(3)系统每次宕机时间最多不超过10min。

4)数据库设计原则

(1)命名的规范

数据库中表、主键、外键、索引的命名都以统一的规则,采用大小写敏感的形式,这样便于应用系统适应不同的数据库平台。

(2)数据的一致性和完整性

为了保证数据库的一致性和完整性,往往通过表间关联的方式来尽可能降低数据的冗余。表间关联是一种强制性措施,建立后,对父表(Parent Table)和子表(Child Table)的插入、更新、删除操作均要占用系统资源。如果数据冗余低,数据的完整性容易得到保证,但增加了表间连接查询的操作,为了提高系统的响应时间,合理的数据冗余也是必要的。使用规则(Rule)和约束(Check)来防止系统操作人员误输入,但是,不必要的规则和约束也会增加系统的不必要"开销",需要注意的是,约束对数据的有效性验证要比规则快。所有这些因素需要在设计阶段根据系统操作的类型、频度加以均衡考虑。

6.3.2 数据库环境、备份、恢复

数据库环境说明见表6-3。

数据库环境说明表　　表 6-3

数据库实例	数据库系统	数据库部署环境	数据库设计工具	数据库存放位置	说　明
scofaws	Oracle	RHEL6.5	PowerDesigner	/u01/app/oracle/oradata/scofaws	船舶作业条件预报预警相关数据

数据备份和恢复:数据库需定期备份(每天备份一次),备份文件格式为 backup_yyyymmdd.dmp,数据库被破坏时,利用最新的备份文件进行恢复。

6.3.3　系统核心表设计

系统核心表设计,见表 6-4 ~ 表 6-8。

SCOS_USER_T:用户表　　表 6-4

序号	列名	释义	类型	空	缺省值	备注
01	NUSERID	用户 ID	CHAR(6)	N		
02	CUSERNAME	用户名	NVARCHAR2(200)	N		
03	CUSERPWD	密码	VARCHAR2(32)	Y		
04	NUSERGRADE	用户级别	INTEGER	N		
05	CDEPARTMENTID	所属部门	NVARCHAR2(12)	N		
06	NISCLOSED	是否停用	INTEGER	N		
07	DTEXPIREDDATE	密码失效日期	DATE	Y		
08	CEMAIL	Email 地址	NVARCHAR2(100)	Y		
09	CDESCRIPTION	身份证	NVARCHAR2(20)	Y		
10	TELEPHONE	手机号	VARCHAR2(15)	Y		
主键名		索引属性	主键列			
PK_NUSERID		唯一索引	NUSERID			
索引名		索引类型	索引列			
暂无						
外键名		外键列		参照表		参照键名
暂无						
触发器名		类型	表空间			
暂无			COCSTS			

续上表

<table>
<tr><td>脚本</td><td>

```
--Createtable
createtableCOCS_USER_T
(
nuseridCHAR(6)notnull,
cusernameNVARCHAR2(200)notnull,
cuserpwdVARCHAR2(32),
nusergradeINTEGERnotnull,
cdepartmentidNVARCHAR2(12)notnull,
nisclosedINTEGERdefault0notnull,
dtexpireddateDATE,
cemailNVARCHAR2(100),
cdescriptionNVARCHAR2(20),
telephoneVARCHAR2(15)
)
tablespaceCOCSTS
pctfree10
initrans1
maxtrans255
storage
(
initial64K
next8K
minextents1
maxextentsunlimited
);
--Addcommentstothetable
commentontableCOCS_USER_T
is'用户表';
--Addcommentstothecolumns
commentoncolumnCOCS_USER_T.nuserid
is'用户 ID';
commentoncolumnCOCS_USER_T.cusername
is'用户名';
commentoncolumnCOCS_USER_T.cuserpwd
  is'密码';
commentoncolumnCOCS_USER_T.nusergrade
is'用户级别';
commentoncolumnCOCS_USER_T.cdepartmentid
is'所属部门';
commentoncolumnCOCS_USER_T.nisclosed
is'是否停用';
```

</td></tr>
</table>

续上表

<table>
<tr><td>脚本</td><td>commentoncolumnCOCS_USER_T. dtexpireddate
is'密码失效日期';
commentoncolumnCOCS_USER_T. cemail
is'Email 地址';
commentoncolumnCOCS_USER_T. cdescription
is'身份证';
commentoncolumnCOCS_USER_T. telephone
is'手机号';
− −Create/Recreateprimary,uniqueandforeignkeyconstraints
altertableOPERATOR
addprimarykey(NUSERID)
usingindex
tablespaceCOCSTS
pctfree10
initrans2
maxtrans255
storage
(
initial64K
next1M
minextents1
maxextentsunlimited
);</td></tr>
</table>

COCS_ROLE_T:角色表 表 6-5

<table>
<tr><td>序号</td><td>列名</td><td>释义</td><td>类型</td><td>空</td><td>缺省值</td><td>备注</td></tr>
<tr><td>01</td><td>ROLEID</td><td>角色 ID</td><td>NVARCHAR2(32)</td><td>N</td><td></td><td></td></tr>
<tr><td>02</td><td>ROLENAME</td><td>角色名称</td><td>NVARCHAR2(32)</td><td>N</td><td></td><td></td></tr>
<tr><td>03</td><td>DETAIL</td><td>描述</td><td>NVARCHAR2(200)</td><td>Y</td><td></td><td></td></tr>
<tr><td colspan="2">主键名</td><td>索引属性</td><td colspan="4">主键列</td></tr>
<tr><td colspan="2">PK_ROLEID</td><td>唯一索引</td><td colspan="4">ROLEID</td></tr>
<tr><td colspan="2">索引名</td><td>索引类型</td><td colspan="4">索引列</td></tr>
<tr><td colspan="2">无</td><td></td><td colspan="4"></td></tr>
<tr><td colspan="2">外键名</td><td colspan="2">外键列</td><td colspan="2">参照表</td><td>参照键名</td></tr>
</table>

续上表

无		
触发器名	类型	表空间
无		COCSTS
脚本	- - Createtable createtableCOCS_ROLE_T (roleidNVARCHAR2(32)notnull, rolenameNVARCHAR2(32)notnull, detailNVARCHAR2(200)) tablespaceCOCSTS pctfree10 initrans1 maxtrans255 storage (initial64K next1M minextents1 maxextentsunlimited); - - Addcommentstothetable commentontableCOCS_ROLE_T is'角色表'; - - Addcommentstothecolumns commentoncolumnCOCS_ROLE_T. roleid is'角色 ID'; commentoncolumnCOCS_ROLE_T. rolename is'角色名称'; commentoncolumnCOCS_ROLE_T. detail is'描述'; - - Create/Recreateprimary, uniqueandforeignkeyconstraints altertableCOCS_ROLE_T addconstraintROLE_IDprimarykey(ROLEID)	

续上表

脚本	usingindex tablespaceCOCSTS pctfree10 initrans2 maxtrans255 storage (initial64K next1M minextents1 maxextentsunlimited);

SHIP_PREDICTION_T:船舶作业情况预测表 表 6-6

序号	列名	释义	类型	空	缺省值	备注
01	ID	ID	NUMBER	N		
02	PREDICTION_DATE	预报时间	DATE	N		
03	RESULT_DATE	结果时间	DATE	N		
04	RESULT	预报结果	NUMBER	N		
05	RESULT_TEXT	预报结果描述	VARCHAR2(20)	Y		
06	BZ	备注	VARCHAR2(200)	Y		
07	SHIP_ID	船型 IP	NUMBER	N		
08	LEVEL_ID	载度 ID	NUMBER	N		
主键名		索引属性	主键列			
PK_SPREDICTIONID		唯一索引	ID			
索引名		索引类型	索引列			
无						
外键名		外键列		参照表		参照键名
无						
触发器名		类型	表空间			
无			COCSTS			

续上表

<table>
<tr><td>脚本</td><td>

```
--Createtable
createtableSHIP_PREDICTION_T
(
idNUMBERnotnull,
prediction_dateDATEnotnull,
result_dateDATEnotnull,
resultNUMBERnotnull,
result_textVARCHAR2(20),
bzVARCHAR2(200),
ship_idNUMBERnotnull,
level_idNUMBERnotnull
)
tablespaceCOCSTS
pctfree10
initrans1
maxtrans255
storage
(
initial64K
next8K
minextents1
maxextentsunlimited
);
--Addcommentstothetable
commentontableSHIP_PREDICTION_T
is'c船舶预报结果表';
--Addcommentstothecolumns
commentoncolumnSHIP_PREDICTION_T.id
is'ID';
commentoncolumnSHIP_PREDICTION_T.prediction_date
is'预报时间';
commentoncolumnSHIP_PREDICTION_T.result_date
is'结果时间';
commentoncolumnSHIP_PREDICTION_T.result
is'预报结果';
commentoncolumnSHIP_PREDICTION_T.result_text
is'结果描述';
```

</td></tr>
</table>

续上表

脚本	commentoncolumnSHIP_PREDICTION_T. bz is'备注'; commentoncolumnSHIP_PREDICTION_T. ship_id is'船型 ID'; commentoncolumnSHIP_PREDICTION_T. levle_id is'载度 ID'; – – Create/Recreateprimary, uniqueandforeignkeyconstraints altertableSHIP_PREDICTION_T addprimarykey(ID) usingindex tablespaceCOCSTS pctfree10 initrans2 maxtrans255 storage (initial64K next1M minextents1 maxextentsunlimited);

SHIP_MOVE_T:船舶运动相应表 表 6-7

序号	列名	释义	类型	空	缺省值	备注
01	ID	ID	NUMBER	N		
02	MOVE_DATE	时间	DATE	N		
03	MOVE_HD	横荡	NUMBER	Y		
04	MOVE_ZD	纵荡	NUMBER	Y		
05	MOVE_CD	垂荡	NUMBER	Y		
06	MOVE_HY	横摇	NUMBER	Y		
07	MOVE_ZY	纵摇	NUMBER	Y		
08	MOVE_SY	艏摇	NUMBER	Y		
09	MOVE_SL	艏缆	NUMBER	Y		
10	MOVE_SHL	艏横缆	NUMBER	Y		

注:N 代表 not;Y 代表 yes。

续上表

<table>
<tr><td>11</td><td>MOVE_SDL</td><td>艏倒缆</td><td>NUMBER</td><td>Y</td><td></td><td></td></tr>
<tr><td>12</td><td>MOVE_WDL</td><td>艉倒缆</td><td>NUMBER</td><td>Y</td><td></td><td></td></tr>
<tr><td>13</td><td>MOVE_WHL</td><td>艉横缆</td><td>NUMBER</td><td>Y</td><td></td><td></td></tr>
<tr><td>14</td><td>MOVE_WL</td><td>艉缆</td><td>NUMBER</td><td>Y</td><td></td><td></td></tr>
<tr><td>15</td><td>MOVE_ZJL</td><td>最大护舷撞击力</td><td>NUMBER</td><td>Y</td><td></td><td></td></tr>
<tr><td colspan="2">主键名</td><td>索引属性</td><td colspan="4">主键列</td></tr>
<tr><td colspan="2">PK_SMOVEID</td><td>唯一索引</td><td colspan="4">ID</td></tr>
<tr><td colspan="2">索引名</td><td>索引类型</td><td colspan="4">索引列</td></tr>
<tr><td colspan="2">无</td><td></td><td colspan="4"></td></tr>
<tr><td colspan="2">外键名</td><td colspan="3">外键列</td><td>参照表</td><td>参照键名</td></tr>
<tr><td colspan="2">无</td><td colspan="3"></td><td></td><td></td></tr>
<tr><td colspan="2">触发器名</td><td>类型</td><td colspan="4">表空间</td></tr>
<tr><td colspan="2">无</td><td></td><td colspan="4">COCSTS</td></tr>
<tr><td>脚本</td><td colspan="6">--Createtable
createtableSHIP_MOVE_T
(
idNUMBERnotnull,
move_dateDATEnotnull,
move_hdNUMBER,
move_zdNUMBER,
move_cdNUMBER,
move_hyNUMBER,
move_zyNUMBER,
move_syNUMBER,
move_slNUMBER,
move_shlNUMBER,
move_sdlNUMBER,
move_wdlNUMBER,
move_whlNUMBER,
move_wlNUMBER,
move_zjlNUMBER
)
tablespaceCOCSTS</td></tr>
</table>

续上表

<table>
<tr><td>脚本</td><td>pctfree10
initrans1
maxtrans255
storage
(
initial64K
next8K
minextents1
maxextentsunlimited
);
--Addcommentstothetable
commentontableSHIP_MOVE_T
is'船体运动相应表';
--Addcommentstothecolumns
commentoncolumnSHIP_MOVE_T. id
is'ID';
commentoncolumnSHIP_MOVE_T. move_date
is'时间';
commentoncolumnSHIP_MOVE_T. move_hd
is'横荡';
commentoncolumnSHIP_MOVE_T. move_zd
is'纵荡';
commentoncolumnSHIP_MOVE_T. move_cd
is'垂荡';
commentoncolumnSHIP_MOVE_T. move_hy
is'横摇';
commentoncolumnSHIP_MOVE_T. move_zy
is'纵摇';
commentoncolumnSHIP_MOVE_T. move_sy
is'艏摇';
commentoncolumnSHIP_MOVE_T. move_sl
is'艏缆';
commentoncolumnSHIP_MOVE_T. move_shl
is'艏横缆';
commentoncolumnSHIP_MOVE_T. move_sdl
is'艏倒缆';
commentoncolumnSHIP_MOVE_T. move_wdl
is'艉倒缆';</td></tr>
</table>

续上表

<table>
<tr><td>脚本</td><td>commentoncolumnSHIP_MOVE_T. move_whl
is'艉横缆';
commentoncolumnSHIP_MOVE_T. move_wl
is'艉缆';
commentoncolumnSHIP_MOVE_T. move_zjl
is'最大护舷撞击力';
– –Create/Recreateprimary, uniqueandforeignkeyconstraints
altertableSHIP_MOVE_T
addprimarykey(ID)
usingindex
tablespaceCOCSTS
pctfree10
initrans2
maxtrans255
storage
(
initial64K
next1M
minextents1
maxextentsunlimited
);</td></tr>
</table>

WAVE_PREDICTION_T:波浪预报数据表 　表6-8

序号	列名	释义	类型	空	缺省值	备注
01	ID	ID	NUMBER	N		
02	PREDICTION_DATE	预报时间	DATE	N		
03	WAVE_DATE	波浪时间	DATE	N		
04	WAVE_FX	风向	NUMBER	Y		
05	WAVE_FL	风力	NUMBER	Y		
06	WAVE_ZQ	周期	NUMBER	Y		
07	WAVE_BG	波高	NUMBER	Y		
08	WAVE_BX	波向	NUMBER	Y		
09	WAVE_LS	流速	NUMBER	Y		
10	WAVE_LX	流向	NUMBER	Y		

续上表

<table>
<tr><td>主键名</td><td>索引属性</td><td colspan="2">主键列</td></tr>
<tr><td>PK_WPREDICTIONID</td><td>唯一索引</td><td colspan="2">ID</td></tr>
<tr><td>索引名</td><td>索引类型</td><td colspan="2">索引列</td></tr>
<tr><td>无</td><td></td><td colspan="2"></td></tr>
<tr><td>外键名</td><td>外键列</td><td>参照表</td><td>参照键名</td></tr>
<tr><td>无</td><td></td><td></td><td></td></tr>
<tr><td>触发器名</td><td>类型</td><td colspan="2">表空间</td></tr>
<tr><td>无</td><td></td><td colspan="2">COCSTS</td></tr>
<tr><td>脚本</td><td colspan="3">－－Createtable
createtableWAVE_PREDICTION_T
(
idNUMBERnotnull,
prediction_dateDATEnotnull,
wave_dateDATEnotnull,
wave_fxNUMBER,
wave_flNUMBER,
wave_zqNUMBER,
wave_bgNUMBER,
wave_bxNUMBER,
wave_lsNUMBER,
wave_lxNUMBER
)
tablespaceCOCSTS
pctfree10
initrans1
maxtrans255
storage
(
initial64K
next8K
minextents1
maxextentsunlimited
);
－－Addcommentstothetable
commentontableWAVE_PREDICTION_T</td></tr>
</table>

续上表

<table>
<tr><td>脚本</td><td>is'波浪预报数据表';
--Addcommentstothecolumns
commentoncolumnWAVE_PREDICTION_T. id
is'ID';
commentoncolumnWAVE_PREDICTION_T. prediction_date
is'预报时间';
commentoncolumnWAVE_PREDICTION_T. wave_date
is'波浪时间';
commentoncolumnWAVE_PREDICTION_T. wave_fx
is'风向';
commentoncolumnWAVE_PREDICTION_T. wave_fl
is'风力';
commentoncolumnWAVE_PREDICTION_T. wave_zq
is'周期';
commentoncolumnWAVE_PREDICTION_T. wave_bg
is'波高';
commentoncolumnWAVE_PREDICTION_T. wave_bx
is'波向';
commentoncolumnWAVE_PREDICTION_T. wave_ls
is'流速';
commentoncolumnWAVE_PREDICTION_T. wave_lx
is'流向';
--Create/Recreateprimary,uniqueandforeignkeyconstraints
altertableWAVE_PREDICTION_T
addprimarykey(ID)
usingindex
tablespaceCOCSTS
pctfree10
initrans2
maxtrans255
storage
(
initial64K
next1M
minextents1
maxextentsunlimited
);</td></tr>
</table>

第7章　工程应用

7.1　FSRU-LNG 双船并靠波浪预报和船舶作业允许条件研究

7.1.1　项目概况

代表项目特点:由于工程选址海域面临孟加拉湾,受季风及强台风的影响显著,工程海域附近岸线整体呈现 NNE—SSW 方向走向,海底坡度比陡近海海底水深变化快,至工程附近岬湾岸线逐渐呈现出 N—S 方向走向,海底地形变化对近岸波浪传播影响较大。工程外海海浪受台风影响,同时受北印度洋涌浪影响显著。因此工程海域波况较为复杂,同时受台风浪及涌浪影响,波型是以涌浪为主的混合浪,当波浪由外海传播至工程近岸受地形折射影响显著时,波向将发生显著变化。

考虑到工程的可行性分析,需要分析该项目的不可作业天数,为后续设计提供技术支撑。鉴于长周期涌浪的特点,规范没有给出不同波浪周期作用时系泊船舶所允许的作业波高,本项目又是两船并靠系泊作业,规范上并没有针对这种作业方式推荐允许作业波高,因此需要针对本项目首先进行多浮体水动力数值模拟,得出双船的允许作业波高,同时结合精细化的波浪模型,逐月逐年分析不可作业天数。

7.1.2　工程区波浪预报技术研究

首先计算了工程前(考虑自然地形条件)防波堤、取水口及排水口位置处各测点的设计波要素结果,采用 SWAN 模式对工程区域的水深及岸线进行精细化处理,共包含 19 个测点,其中测点 1 ~ 测点 12 位于防波堤外侧,测点 13 ~ 测点 15 代表不同方案中排水口位置,测点 16 ~ 测点 19 代表不同方案中取水口的位置,测点底高程见表 7-1。计算方向包含 SSW、SW、WSW、W、WNW、NW,共 6 个方向,计算水位为极端高水位、设计高水位、平均水位、设计低水位及极端低水位共 5 个水位,包含 100 年、50 年、25 年、10 年、2 年共 5 个重现期。

测点底高程及区域位置(海图基面 CD)　　表 7-1

位　置	点　号	底高程(m)
防波堤北侧	1	-5.45
	2	-12.14
	3	-18.38
	4	-20.16
防波堤西侧	5	-21.02
	6	-20.87
	7	-20.69
	8	-20.50
	9	-20.33
	10	-20.06
防波堤南侧	11	-19.57
	12	-18.87
不同方案排水口位置	13	-22.03
	14	-22.87
	15	-22.45
不同方案取水口位置	16	-0.79
	17	-10.05
	18	-11.75
	19	-7.47

计算了深水波浪传播至工程附近时波高波向变化过程。研究发现,重现期 50 年极端高水位条件下深水 SSW 向浪传播至工程附近时,受地形的折射影响波高迅速衰减,防波堤前沿最大有效波高 1.16m。

工程海域水深等值线呈现 NE—SW 走向,外海偏 SW 向浪传播至工程海域附近时波高衰减较快,同时波浪逐渐向 W 向集中;外海 NW 向浪传播至工程海域时,波向逐渐向 W 向偏转。当波浪传播至防波堤处发生波向集中现象,近岸波向表现为 WNW、W 与 WSW 向。最大有效波高表现为 W 向,极端高水位重现期 100 年防波堤处最大有效波高为 8.17m,极端高水位重现期 50 年防波堤处最大有效波高为 7.48m,设计高水位重现期 25 年最大有效波高 6.60m,设计高水位重现期 2 年最大有效波高 4.11m。

采用软件 MIKE21 的 BW 模块对港内波浪分布进行计算,在计算边界处波浪主要集中在 WNW、W 和 WSW 向。计算范围为 4000m × 4000m,见图 7-1,网格步长为4m,时间步长为0.1s。计算时输入边界处波浪条件,见表7-2。

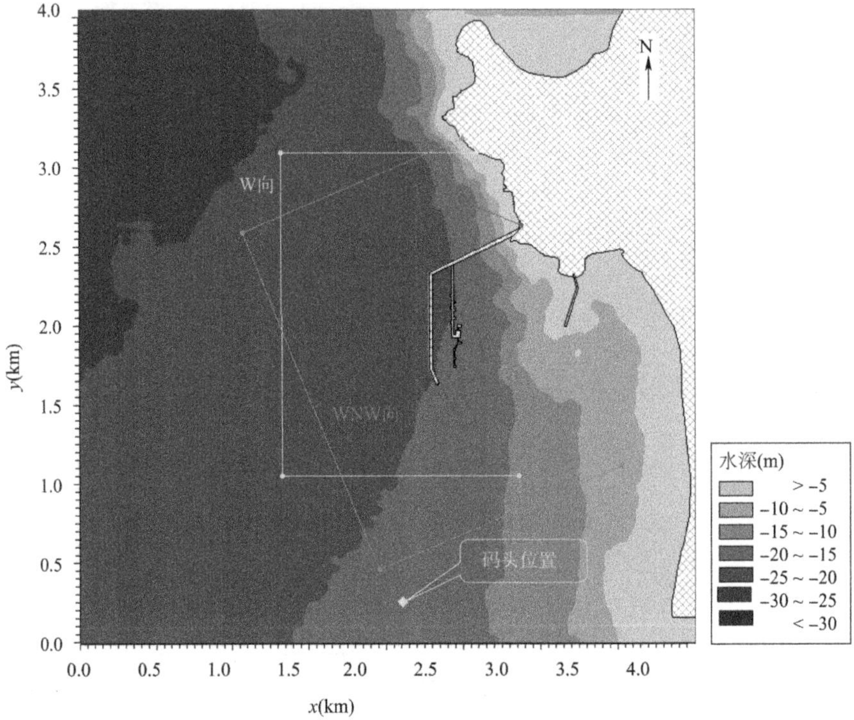

图7-1 工程区波浪模拟方向及范围示意图

利用BW模块计算,边界处波浪条件 表7-2

水位	重现期(年)	WNW		W		WSW	
		$H_{13\%}$(m)	T_s(s)	$H_{13\%}$(m)	T_s(s)	$H_{13\%}$(m)	T_s(s)
极端高水位	100	3.99	9.09	8.30	17.39	1.34	10.76
	50	3.43	8.36	7.43	16.22	1.24	10.36
	25	2.83	7.74	7.07	15.50	1.13	10.02
	10	2.13	6.93	6.18	13.86	0.99	9.47
	2	1.39	5.66	4.30	11.58	0.71	8.23
设计高水位	100	3.82	9.09	8.10	17.39	1.13	10.76
	50	3.28	8.36	7.26	16.22	1.04	10.36
	25	2.71	7.74	6.90	15.50	0.95	10.02
	10	2.03	6.93	6.04	13.86	0.83	9.47
	2	1.31	5.66	4.22	11.58	0.59	8.23

续上表

水位	重现期（年）	WNW		W		WSW	
		$H_{13\%}$ (m)	T_s (s)	$H_{13\%}$ (m)	T_s (s)	$H_{13\%}$ (m)	T_s (s)
设计低水位	100	3.60	9.09	7.90	17.39	1.02	10.76
	50	3.09	8.36	7.08	16.22	0.94	10.36
	25	2.55	7.74	6.74	15.50	0.86	10.02
	10	1.91	6.93	5.89	13.86	0.75	9.47
	2	1.23	5.66	4.12	11.58	0.53	8.23
极端低水位	100	3.52	9.09	7.79	17.39	0.97	10.76
	50	3.02	8.36	6.97	16.22	0.90	10.36
	25	2.48	7.74	6.63	15.50	0.82	10.02
	10	1.86	6.93	5.80	13.86	0.71	9.47
	2	1.19	5.66	4.04	11.58	0.50	8.23

计算重现期为100年、50年、25年、10年和2年，计算水位为极端高水位、设计高水位、设计低水位和极端低水位。

计算时考虑防波堤已经建设（斜坡式结构），对港内形成一定的掩护作用。码头未建的情况下计算码头、回旋水域处设计波浪要素。在LNG码头、引桥、重件码头、取水口处及回旋水域布置12个测点，见图7-2，各测点处底高程见表7-3。

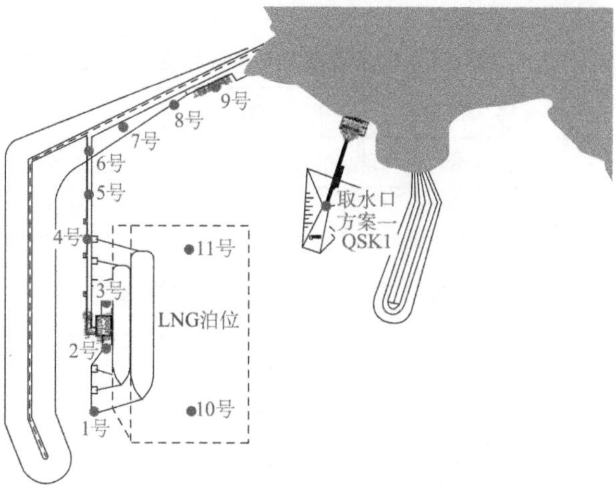

图7-2 港内计算测点位置图

数据提取点位置及底高程 表 7-3

位　　置	数据提取点	底高程(m)
LNG 码头	1 号	-19.6
	2 号	-19.6
	3 号	-19.8
	4 号	-20.1
引桥	5 号	-20.1
	6 号	-19.8
	7 号	-18.4
	8 号	-14.2
重件码头/工作船码头	9 号	-9.0
回旋水域	10 号	-16.3
	11 号	-16.6
港内取水口	QSK1	-7.47

极端高水位重现期 100 年各测点处 $H_{13\%}$ 见表 7-4。从结果来看,W 向为码头处波高控制浪向,拟建 LNG 码头处最大 $H_{13\%}$ 波高为 2.32m(1 号),回旋水域处 $H_{13\%}$ 最大为 3.44m(7 号),重件码头兼工作船码头处 $H_{13\%}$ 为 1.83m(9 号),港内取水口处 $H_{13\%}$ 为 1.89m(QSK1)。

极端高水位重现期 100 年各测点处 $H_{13\%}$(m) 表 7-4

位　　置	测　点　号	WNW	W	WSW
LNG 码头	1 号	0.52	2.32	0.50
	2 号	0.48	1.85	0.44
	3 号	0.48	1.75	0.41
	4 号	0.44	1.65	0.40
引桥	5 号	0.40	1.67	0.36
	6 号	0.40	2.02	0.35
	7 号	0.40	1.91	0.35
	8 号	0.40	1.83	0.33
重件码头	9 号	0.40	1.83	0.32

续上表

位　　置	测　点　号	WNW	W	WSW
回旋水域	10 号	0.64	3.44	0.69
	11 号	0.44	1.72	0.31
港内取水口	QSK1	0.45	1.89	0.39

各方向极端高水位重现期100年比波高分布见图7-3 ~ 图7-5。

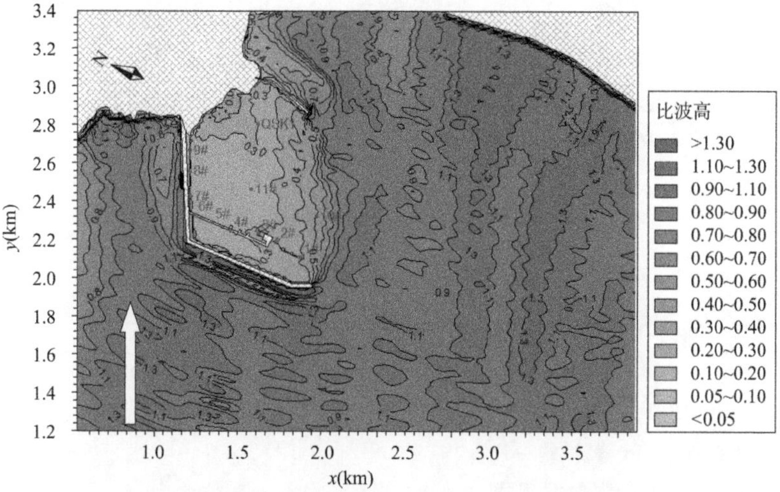

图7-3　WSW 向浪极端高水位重现期100年比波高分布图

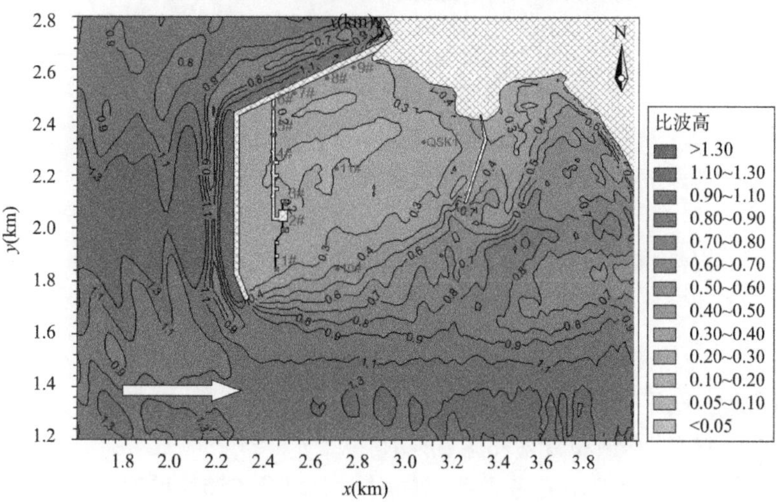

图7-4　W 向浪极端高水位重现期100年比波高分布图

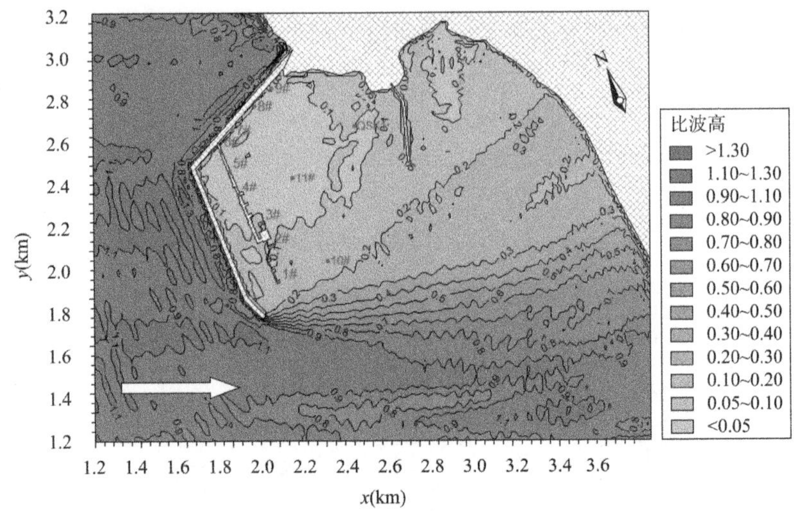

图 7-5 WNW 向浪极端高水位重现期 100 年比波高分布图

7.1.3 系泊船舶作业条件技术研究

7.1.3.1 研究条件

1)厂址总平面布置方案一

并靠作业时的系缆布置见图 7-6。

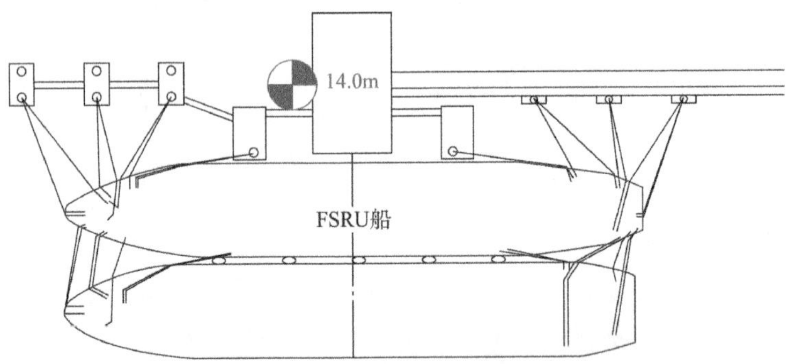

图 7-6 FSRU 船与 LNG 船并靠系缆布置示意图

2)厂址总平面布置方案四

该方案对应的平面布置如图 7-7 所示。

本次动态系泊模拟研究考虑两船同时作业以及 FSRU 单船系泊两种情况,系泊平面布置见图 7-8 和图 7-9。

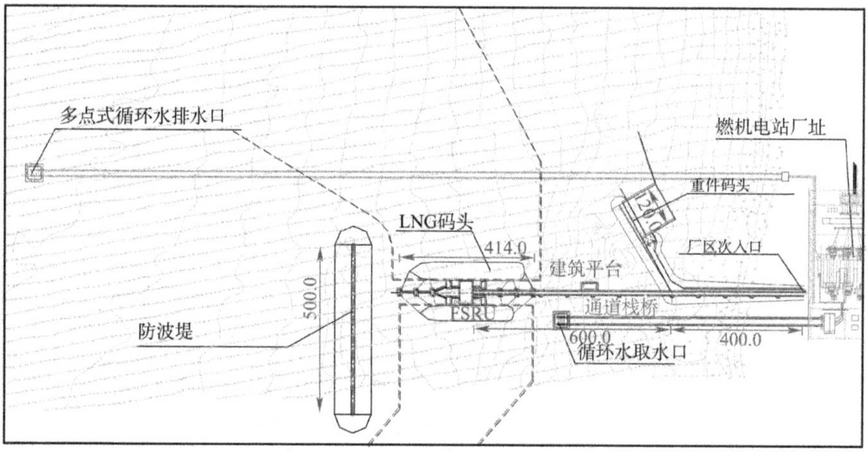

图7-7 厂址总平面规划布置图(方案四)

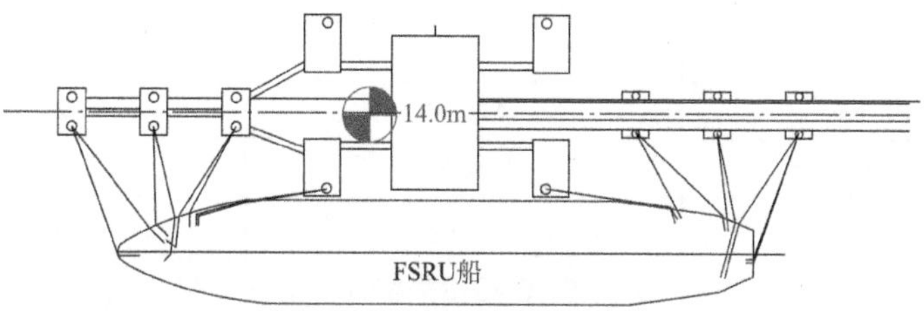

图7-8 FSRU单独系泊作业

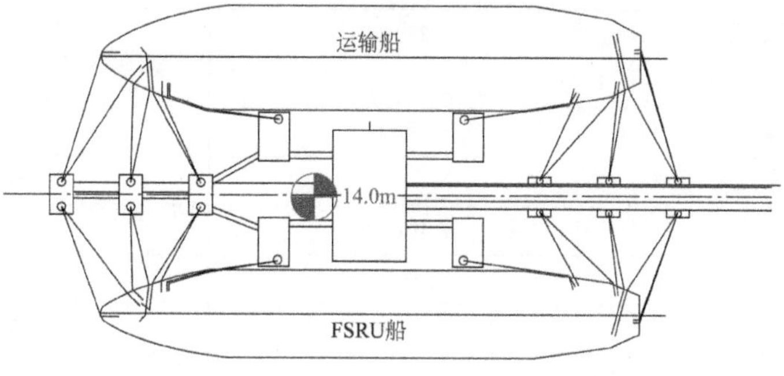

图7-9 LNG船与FSRU船同时停靠系泊作业

3)设计水位

设计高水位：+2.58m。

设计低水位：+0.45m。

注：本节提到的高程基准面为海图基面(CD)。

4)船舶参数

两艘船舶的详细参数分别见表7-5和表7-6。

FSRU 船相关参数 表 7-5

FSRU 船	满　载	压　载
船总长(m)	294.00	294.00
船型宽(m)	46.00	46.00
型深(m)	26.60	26.60
吃水(m)	12.00	9.50
排水体积(m^3)	111760.00	84774.00
排水量(t)	114554.00	86893.35
重心高(m)	17.58	15.18
浮心高(m)	6.52	5.17
横稳心半径(m)	15.36	19.21
纵稳心半径(m)	525.80	608.23
横稳性高(m)	4.30	9.20
纵稳性高(m)	514.74	598.22
横摇周期(s)	16.70	11.82
纵摇周期(s)	11.60	10.85

LNG 船相关参数 表 7-6

LNG 船	满　载	压　载
船总长(m)	290.00	290.00
船型宽(m)	47.00	47.00
型深(m)	26.25	26.25
吃水(m)	11.70	9.30
排水体积(m^3)	101840	83500
排水量(t)	104386.00	85587.50
重心高(m)	16.43	13.04
浮心高(m)	6.68	5.06
横稳心半径(m)	16.48	20.51
纵稳心半径(m)	509.05	588.73
横稳性高(m)	6.73	12.53
纵稳性高(m)	499.30	580.75
横摇周期(s)	13.04	10.20
纵摇周期(s)	10.56	10.00

5)计算波浪条件

(1)方案一的波浪条件

根据“LNG 电站工程配套码头项目波浪数学模型研究报告”,由于防波堤的掩护作用,两个泊位处的波浪方向大多为 SWS 向和 SW 向,本标题研究目的旨在为不同波浪周期以及不用波向作用条件提供船舶可允许作业的波高。针对本方案的波浪特点,选定的工况如下:

波向:SWS 和 SW 向。

平均周期:8s、10s、12s 和 14s。

(2)方案四的波浪条件

当波浪由工程外传播至南区港区时,不同方向的波浪在港区的比波高分布如图 7-10 ~ 图 7-12 所示,利用两个泊位处的比波高结果,将外海波浪推算至泊位处,进而统计年不可作业天数。当波浪传播至工程防波堤外时,波浪方向主要集中于 WNW、W、WSW 三个方向。当波浪绕射过防波堤传播至港内时,防波堤外侧 WSW 向转变为 SW 向,防波堤外侧 W 向转变为 WNW 向,防波堤外侧 WNW 向转变为 NW 向。

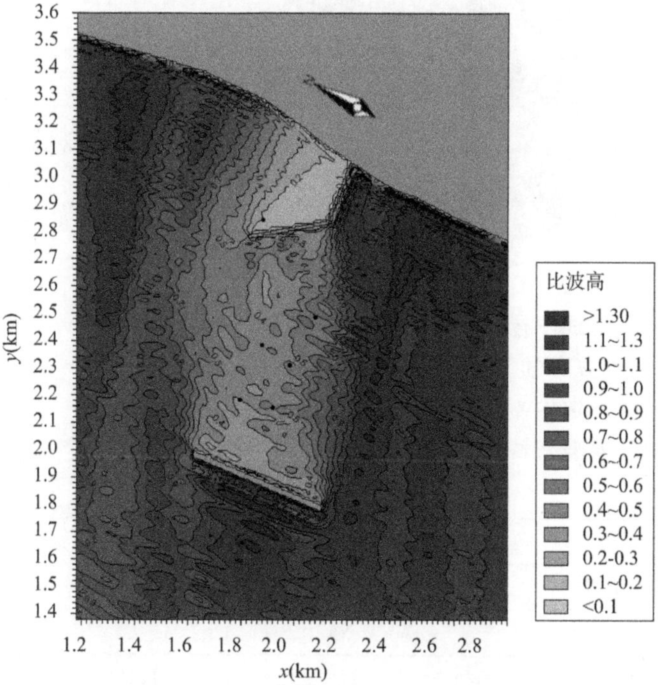

图 7-10 设计高水位重现期 2 年 WSW 向比波高分布图

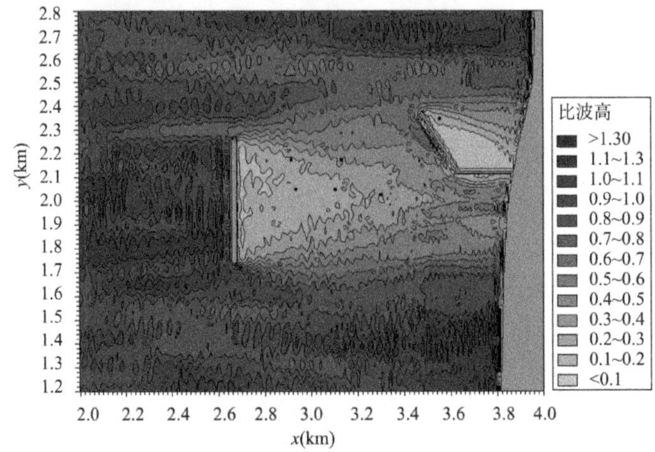

图 7-11 设计高水位重现期 2 年 W 向比波高分布图

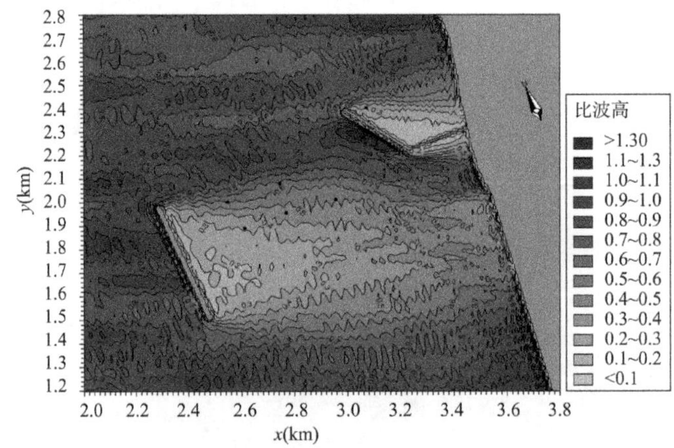

图 7-12 设计高水位重现期 2 年 WNW 向比波高分布图

因此，根据本方案的波浪特点，选定的工况如下。

波向：WNW、NW、SW 向；平均周期：8s、10s、12s 和 14s。

数值模拟波浪参数统计，见表 7-7。

数值模拟波浪参数统计 表 7-7

方 案	波 向	周 期
总平面布置方案一	SWS 和 SW 向	8s、10s、12s 和 14s
总平面布置方案四	WNW、NW 和 SW 向	8s、10s、12s 和 14s

注：波向周期按上表所述，波高可初步试算，若对应的结果不超标，则继续增大，直至达到极限（运动量、撞击力或系缆力超标）后，终止。

6）海流计算参数

根据交通运输部天津水运工程科学研究院“LNG电站工程配套码头项目循环冷却水温排放潮流数学模型”研究成果，提取了码头泊位前沿位置的海流计算结果作为模拟条件，0.17m/s为最大流速，因此海流计算参数如下。

流向：N—W的沿岸流。流速：0.17m/s。

7）风计算参数

根据1979—2016年海洋天气预报机构OWI分析的风速数据，海域平均风速约为6m/s，考虑到不超过8m/s的风速占全年频率为91.83%（具有代表性），该风速可以用于分析常年条件下船舶系泊的允许作业波高的需求。同时，根据以往的工程经验，结合该工程区域的水文特点，影响船舶作业的重要敏感程度从大到小依次为波浪、风、流（本区流速较小）。另外，根据本区实际所出现的情况，风向变换不会对允许作业波高结果造成颠覆性的影响。因此，风计算参数选取如下：风向为常风向NW，风速为8m/s。

8）缆绳参数

系泊时缆绳采用高分子量高密度聚乙烯（HMPE），尾索为尼龙缆，初张力为98kN，缆绳参数如表7-8所示。

缆绳参数 表7-8

船型	HMPE		尼龙缆尾索11m	
	直径（mm）	破断力（kN）	直径（mm）	破断力（kN）
FSRU	44	1370	100	1870
LNG	44	1370	100	1870

其中11m尾索直径及破断力的取值符合国际邮轮组织论坛（OCIMF）的规定，该规定原文如下：

“When tails are fitted to mooring ropes they should have an MBL at least 25% higher MBL than that of the mooring line to which they are attached. Polyamide tails should have a 37% higher MBL than the mooring line to take account of loss of strength when wet（see Section 6.5.1）. In general, tails should have a length of not less than 11m and be subject to rigorous examination and renewal procedures, as recommended in Section 6.”

本次试验采用的HMPE缆绳伸长率ε与相对强力ψ（张力相对于断裂强力的百分率）关系曲线根据*Mooring Equipment Guidelines*（*3rd Edition*）确定，如图7-13所示。

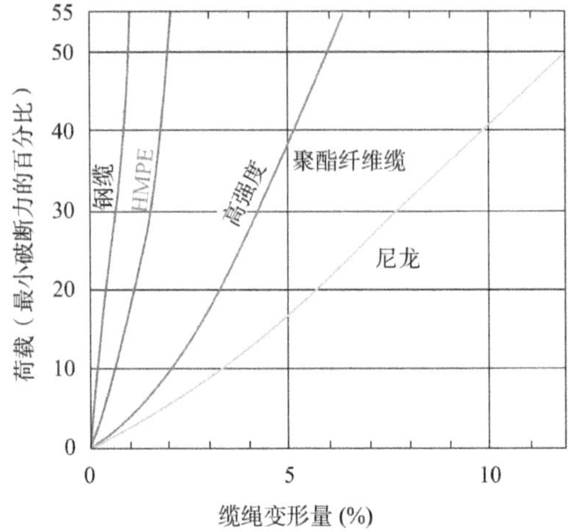

图 7-13　HMPE 缆绳变形量与荷载的关系曲线图

9)护舷参数

在该项目中用到的护舷主要有两种,第一种是 FSRU 船/LNG 船与码头间的碰撞护舷,第二种是 FSRU 船与 LNG 船并靠时所用的碰撞护舷,具体性能与参数如下所述:

(1)FSRU 船泊位与 LNG 船泊位采用特瑞堡(TRELLEBORG)SCN 2000F1.8 型号的橡胶护舷,其特性曲线见图 7-14,相关性能参数见表 7-9。

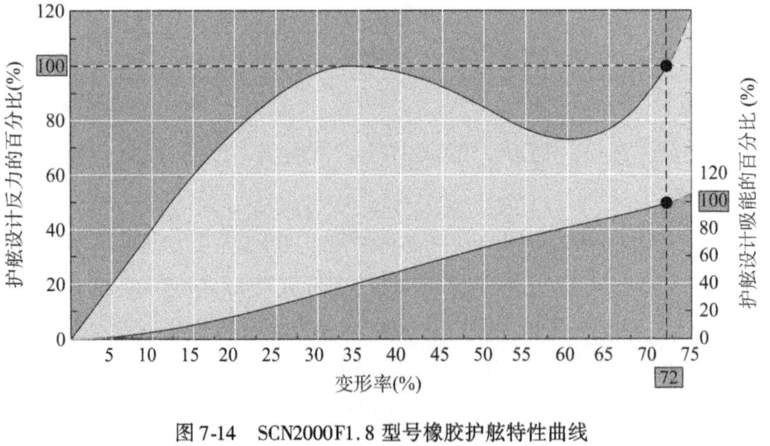

图 7-14　SCN2000F1.8 型号橡胶护舷特性曲线

SCN2000F1.8 型号橡胶护舷性能参数表　　表 7-9

护 舷 型 号	设计反力(kN)	设计吸能量(kN·m)
SCN 2000F1.8	3321	3858

(2) FSRU 船与 LNG 船之间的护舷为 4 组 ϕ4.5m×9.0m 护舷,以及 2 组 ϕ2.0m×3.5m 护舷,其特性曲线见图 7-15,相关性能参数见表 7-10。

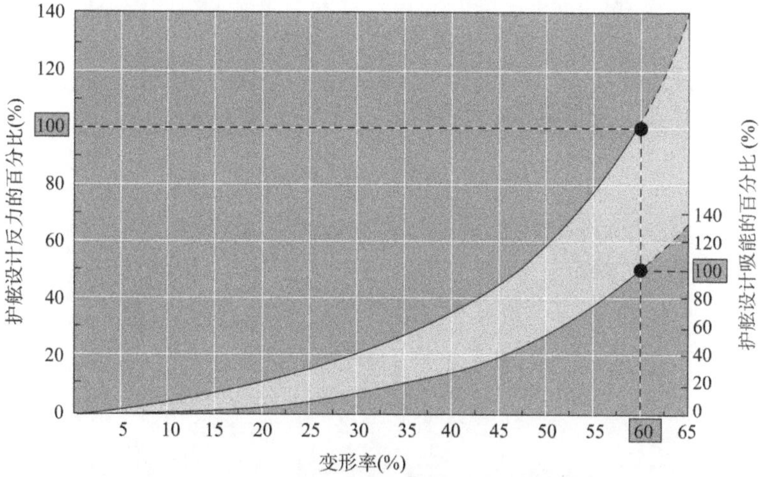

图 7-15 护舷特性曲线(船靠船间的护舷)

两船中间护舷性能参数表 表 7-10

护舷型号	设计反力(kN)	设计吸能量(kN·m)
ϕ4.5m×9.0m	5747	4752
ϕ2.0m×3.5m	675	308

7.1.3.2 船舶的网格模型以及时域计算模型建立

根据研究需要,考虑了满载和压载两种载度,针对总平面布置方案一和方案四,分别建立了船体的网络模型(满载作业装载和压载作业装载),图 7-16~图 7-18 所示为不同载度的网络模型,水线以下部分根据每条船的主尺度参数生成。

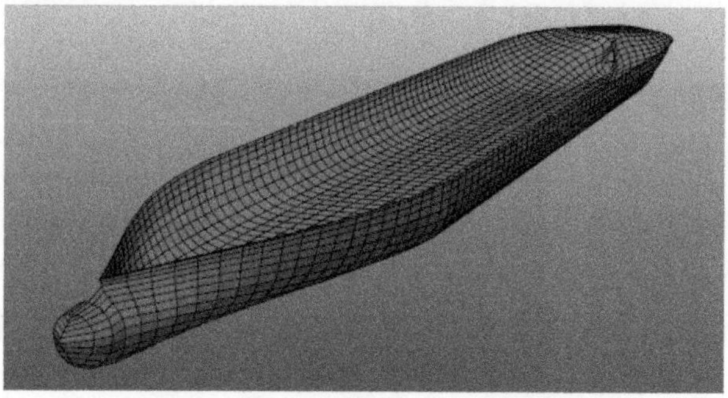

图 7-16 FSRU 船单独系泊时对应的网络模型(满载)

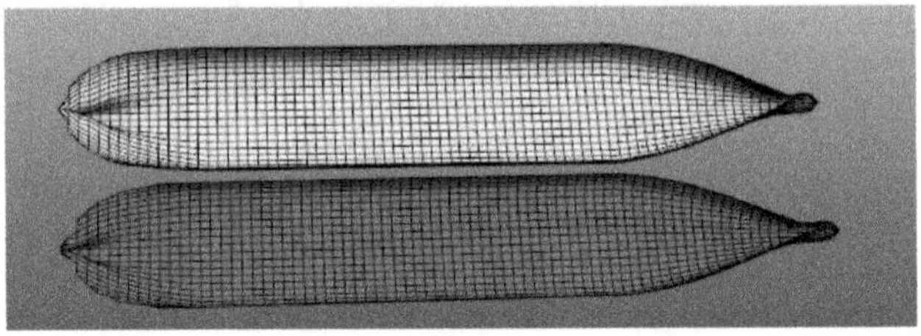

图 7-17　方案一对应的网络模型

图 7-18　方案四对应的网络模型

根据以上网络模型,通过频域计算可得到以下动态系泊分析所需数据:船体运动幅值响应算子(RAO)、平均漂移载荷的二阶传递函数(QTF)等参数。根据码头总平面布置图和系泊布置图,建立 FSRU 船时域计算模型,见图 7-19 和图 7-20。

图 7-19　FSRU 船时域计算模型图

7.1.4　可允许作业波高及作业损失天数结果分析

该项目的整体分析思路如下:根据波浪数模结果,考虑浪向、代表水流和风,将本区可能出现的不同波周期代入系泊模型进行计算,利用 Hydrostar 和 Ariane 软件进行不同方案下 FSRU 船和 LNG 船的系泊分析。依据 OCIMF 提供的经验公式计算船舶受到的风力系数和流力系数,用 Hydrostar 水动力计算软件计算平均慢漂力、水动力系数、一阶波浪载荷传递系数,并在 Ariane 软件中考虑风、浪、流环境力综合作用,进行系泊状态下的运动时域分析,得到缆绳的受力时程曲线,最后按照

3h 回归周期得到船舶运动量和缆绳受力最大统计值。

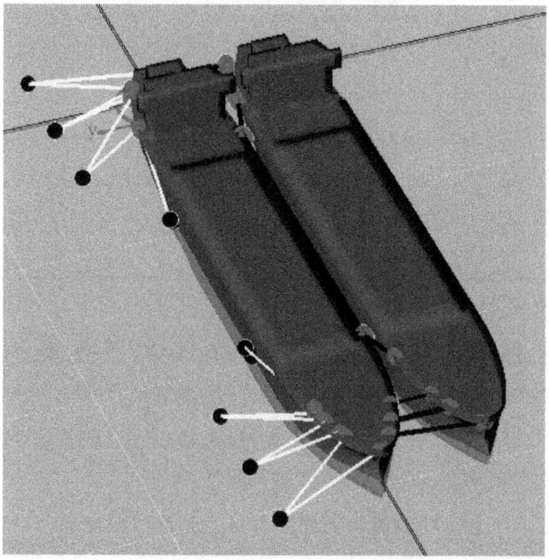

图 7-20 方案一时域计算模型图

根据得到的数值模拟结果与标准对比,得到对应的作业波高标准,最后再结合 30 年的 OWI 波浪数据分频分级逐月来核算,统计得到损失作业天数和最大连续不可作业天数。

1)方案一允许作业波高结果分析

FSRU 船压载 + LNG 船满载,FSRU 船满载 + LNG 船压载。按照上述的装载工况,分别计算了不同装载在风、浪和流载荷作用下的 FSRU 船与 LNG 船的运动响应特性,得到了两船六自由度运动量、缆绳拉力及护舷撞击力。根据上述提到的允许作业判断标准,综合考虑运动量、缆绳拉力及护舷撞击力,得到两种装载组合工况下的允许作业波高,分别见表 7-11。

FSRU 船与 LNG 船并靠作业时两种装载组合工况下的允许作业波高 表 7-11

允许作业波高 H_s(m)	FSRU 满载、LNG 压载		FSRU 压载、LNG 满载	
	SW	WSW	SW	WSW
周期 8s	0.8	0.8	0.8	0.8
周期 10s	0.8	0.8	0.6	0.6
周期 12s	0.6	0.6	0.4	0.4
周期 14s	0.4	0.4	0.2	0.2

根据以上结果,选取最不利结果作为判断标准分析损失作业天数,如表 7-12 所示。

LNG 船与 FSRU 船同时停靠作业的允许作业波高　　表 7-12

选取最不利工况	H_s(m)	
	SW	WSW
周期 8s	0.8	0.8
周期 10s	0.6	0.6
周期 12s	0.4	0.4
周期 14s	0.2	0.2

(1)FSRU 船单独系泊

除考虑 LNG 船并靠作业外，还分析了 FSRU 船单独作业时的情况，计算了FSRU船不同装载在风、浪和流载荷作用下的运动响应特性，得到了该船六自由度运动量、缆绳拉力及护舷撞击力。根据上述提到的允许作业判断标准，分别得到FSRU 船单独系泊工况下的允许作业波高(表 7-13)。

FSRU 船单独系泊工况下的允许作业波高　　表 7-13

选取最不利工况	H_s(m)	
	SW	WSW
周期 8s	1.0	0.8
周期 10s	0.8	0.6
周期 12s	0.4	0.4
周期 14s	0.2	0.2

(2)损失作业天数和最大连续不可作业天数分析

利用 1979—2016 年 OWI 逐时海浪要素，分析了工程海域波高周期特征，得到工程海域 30 年的波浪周期联合分频分级表，同时得到不同月份的波高周期联合分频分级表，结合允许作业标准统计得出方案一 LNG 船与 FSRU 船并靠作业时，各月份的损失作业天数，总计为 57 天(表 7-14)。

LNG 船与 FSRU 船同时停靠作业时的损失天数统计　　表 7-14

月　份	方案一的损失天数
1 月	3
2 月	2
3 月	3
4 月	5

续上表

月　　份	方案一的损失天数
5月	5
6月	10
7月	8
8月	7
9月	5
10月	4
11月	3
12月	2
总计天数	57

利用1979—2016年OWI逐时海浪序列数据，分析了各年不同月份的连续作业损失天数，结果显示最大连续作业损失天数为13天，发生于1987年7月。

结合允许作业标准统计得出方案一FSRU单独系泊时，各个月份的损失作业天数，总计为54天（表7-15）。

FSRU船单独作业时的损失天数统计　　表7-15

月　　份	方案一的损失天数
1月	3
2月	2
3月	3
4月	5
5月	5
6月	9
7月	7
8月	7
9月	4
10月	4
11月	3
12月	2
总计天数	54

利用1979—2016年OWI逐时海浪序列数据,分析了各年不同月份的连续作业损失天数,结果显示最大连续作业损失天数为13天。两种工况条件下连续作业损失天数相近,表7-16给出了不同年份对应的不同月份的连续作业损失天数。

工程区泊位处连续作业损失天数逐年统计表　　表7-16

年份	1月	2月	3月	4月	5月	6月	7月	8月	9月	10月	11月	12月
1979	3	0	0	2	1	6	3	4	4	2	1	2
1980	0	2	1	1	1	2	1	2	2	2	7	3
1981	2	0	2	0	3	4	3	5	5	3	1	0
1982	6	3	2	3	2	6	4	6	3	5	3	3
1983	5	3	3	1	1	7	4	2	0	3	3	3
1984	3	2	4	3	3	8	4	3	1	1	2	1
1985	1	0	0	1	1	8	6	0	1	1	2	2
1986	3	1	2	3	1	9	5	4	1	3	4	2
1987	1	2	3	1	2	2	13	6	2	7	1	1
1988	3	3	0	3	2	5	6	7	0	4	2	0
1989	3	3	1	0	3	5	4	2	5	3	2	4
1990	3	3	2	2	2	4	5	3	1	0	2	0
1991	1	3	1	6	0	7	2	6	1	0	2	2
1992	5	4	1	2	8	3	4	3	0	5	5	0
1993	2	1	0	3	4	8	4	2	3	3	3	0
1994	2	0	0	2	0	8	5	2	1	2	1	0
1995	0	2	0	2	3	3	0	2	2	0	0	1
1996	1	0	0	3	0	6	6	2	0	1	1	0
1997	0	0	0	2	2	4	5	6	3	3	0	1
1998	1	0	0	1	1	0	2	3	0	0	1	1
1999	0	0	1	0	0	0	0	5	0	4	2	2
2000	0	0	1	0	0	2	4	3	2	0	2	0
2001	0	0	0	1	1	5	3	0	1	1	2	0
2002	1	0	2	0	3	6	0	1	1	1	1	2
2003	2	0	2	1	3	0	0	0	0	0	0	3

续上表

年份	1月	2月	3月	4月	5月	6月	7月	8月	9月	10月	11月	12月
2004	1	1	0	2	4	2	1	2	0	1	0	0
2005	0	0	1	0	1	0	5	0	2	0	0	1
2006	0	0	0	2	1	2	4	3	4	2	1	0
2007	1	2	0	1	4	4	5	7	1	1	1	1
2008	2	2	1	1	1	3	0	4	2	0	1	1
2009	1	0	0	0	2	3	5	2	3	0	2	0
2010	3	2	3	1	3	1	2	1	2	0	0	0
2011	2	0	2	3	1	3	3	2	4	5	1	1
2012	3	0	2	2	1	5	1	4	1	0	0	2
2013	1	0	0	2	2	3	2	2	3	3	3	0
2014	1	3	0	2	1	5	4	0	3	0	3	1
2015	5	0	0	3	2	10	5	0	2	4	1	2
2016	6	2	0	0	4	3	2	2	0	1	4	0

2)方案四允许作业波高结果分析

(1)FSRU 船单独停靠泊位时

分别计算了 FSRU 船不同装载,在风、浪和流荷载作用下的运动响应特性,得到了该船六自由度运动量、缆绳拉力及护舷撞击力。根据上述提到的允许作业判断标准,综合考虑运动量、缆绳拉力及护舷撞击力,得出该作业对应的允许作业波高,见表 7-17。

FSRU 船单独停靠作业时的允许作业波高 表 7-17

允许作业波高	H_s(m)		
FSRU 单船	WNW	NW	SW
周期 8s	1.0	1.0	1.0
周期 10s	0.8	0.8	0.8
周期 12s	0.6	0.4	0.4
周期 14s	0.4	0.2	0.2

(2)LNG 船与 FSRU 船同时停靠泊位时

计算过程同上,得到了 LNG 船不同装载时的六自由度运动量、缆绳拉力及护舷撞击力。根据上述提到的允许作业判断标准,考虑 LNG 船与 FSRU 船同时停靠系泊作业的情况，得出该作业对应的允许作业波高，见表7-18。

LNG船与FSRU船同时停靠作业的允许作业波高 表7-18

允许作业波高	H_s(m)		
两船作业	WNW	NW	SW
周期8s	1.0	1.0	1.0
周期10s	0.8	0.8	0.8
周期12s	0.6	0.4	0.4
周期14s	0.4	0.2	0.2

(3)损失作业天数和最大连续不可作业天数分析

利用1979—2016年OWI逐时海浪要素，分析了工程海域波高周期特征，得到工程海域30年的波浪周期联合分频分级表，同时得到不同月份的波高周期联合分频分级表，结合允许作业标准统计得出方案四FSRU船单独作业时，泊位损失作业天数为49天。统计得出LNG船与FSRU船同时停靠泊位损失作业天数为75天(表7-19)。

损失天数统计 表7-19

月　份	FSRU船损失天数	LNG船损失天数
1月	6	9
2月	6	6
3月	5	7
4月	2	5
5月	2	4
6月	5	8
7月	6	7
8月	3	6
9月	3	4
10月	2	4
11月	3	6
12月	6	9
总计天数	49	75

利用1979—2016年OWI时序海浪数据，分析FSRU船和LNG船作业期间年最大不可连续作业天数。海域波浪季节性变化明显，根据数据分析，12月—次年3

月为非季风期,海浪常浪向为 WNW 向,强浪向为 WNW 向,季度平均周期为 9.7s;6~9 月为季风期,常浪向为 SW 向,强浪向为 SW,季度平均周期为 7.8s。防波堤建成后对 SW—W—WSW 向浪掩护作用明显,对 WNW 及 NW 向浪掩护作用较差。统计结果显示,FSRU 船单独作业时连续作业损失天数最大为 13 天。LNG 船与 FSRU 船共同作业时,最大连续作业损失天数为 13 天。

1~3 月、6~9 月的周期波向玫瑰图分别如图 7-21、图 7-22 所示。

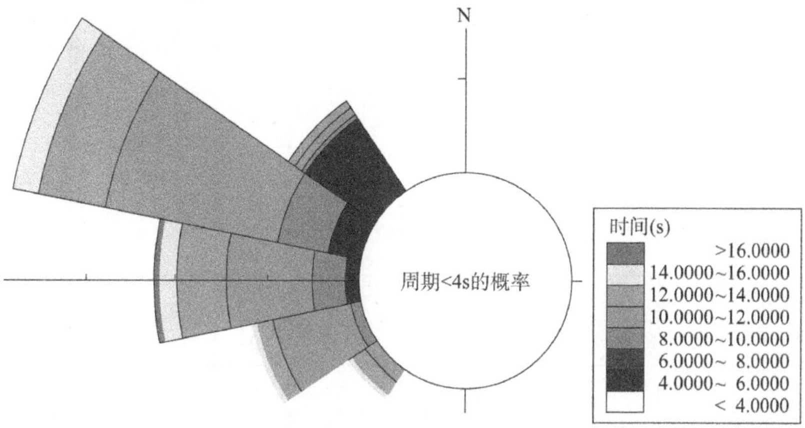

图 7-21 1~3 月周期波向玫瑰图

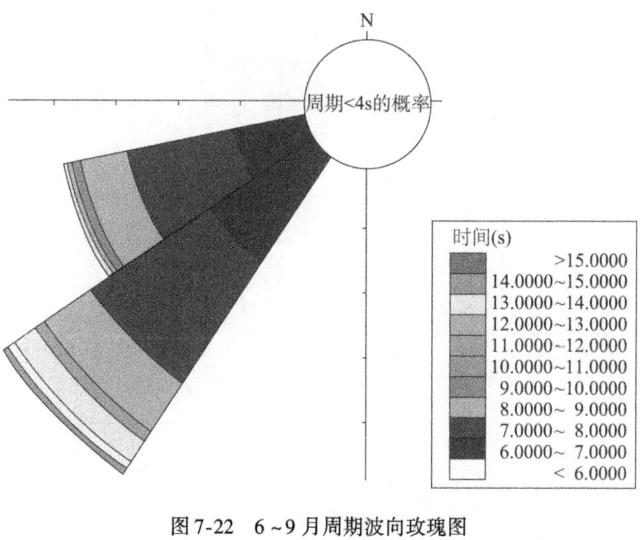

图 7-22 6~9 月周期波向玫瑰图

表 7-20 和表 7-21 给出了方案四对应不同年份、不同月份的连续作业损失天数。

FSRU 船单独停靠作业时的逐年连续作业损失天数　　表 7-20

年份	1月	2月	3月	4月	5月	6月	7月	8月	9月	10月	11月	12月
1979	4	4	0	3	0	2	1	4	3	2	2	3
1980	2	3	3	1	0	0	0	0	1	1	6	2
1981	6	2	4	0	3	1	2	0	2	2	1	1
1982	10	6	4	3	2	2	0	0	2	4	4	1
1983	9	4	2	0	1	1	1	2	0	3	2	3
1984	10	3	4	2	1	0	3	2	1	0	2	1
1985	5	2	0	1	0	2	1	0	0	0	2	1
1986	9	3	3	3	1	1	1	0	1	1	3	4
1987	7	5	3	0	2	1	3	2	2	4	1	2
1988	8	6	3	2	0	1	1	2	0	3	2	0
1989	8	5	3	0	0	1	1	0	3	3	2	0
1990	8	7	3	3	0	0	0	1	0	0	1	2
1991	6	5	1	3	0	3	1	1	0	0	3	0
1992	7	7	1	2	2	3	2	1	0	3	3	2
1993	3	2	5	3	3	4	0	0	2	2	3	3
1994	6	1	0	2	0	0	0	0	0	1	1	4
1995	4	5	3	1	1	0	0	1	1	0	0	3
1996	6	1	0	3	0	0	0	1	0	1	1	2
1997	2	4	2	3	1	0	1	1	0	1	3	2
1998	6	2	2	1	1	0	1	1	0	0	1	3
1999	1	3	1	0	0	0	0	0	0	2	4	5
2000	3	0	2	0	0	0	0	1	2	0	2	2
2001	0	0	0	2	0	2	0	0	1	0	2	2
2002	3	0	2	0	1	1	0	0	0	1	2	0
2003	7	1	4	1	1	0	0	0	0	0	1	2
2004	2	3	0	2	3	0	0	0	0	1	3	3

注：表头“月份”横跨 1月—12月各列，“天数”为表中数值的单位。

续上表

年份	月份											
	1月	2月	3月	4月	5月	6月	7月	8月	9月	10月	11月	12月
	天数											
2005	2	0	2	0	1	0	1	0	2	0	0	0
2006	4	4	2	2	1	0	0	0	1	2	3	4
2007	3	4	2	1	3	2	1	2	0	1	1	1
2008	8	6	2	2	0	0	0	1	2	0	1	3
2009	6	2	2	0	0	1	0	1	1	0	2	0
2010	10	5	3	2	3	0	0	0	2	0	0	1
2011	4	2	3	3	0	0	0	0	2	4	3	1
2012	7	2	4	2	1	2	0	1	1	0	3	3
2013	8	0	2	2	1	2	0	0	1	1	3	0
2014	8	6	6	2	1	3	2	0	1	0	1	4
2015	7	2	4	2	2	3	0	0	0	2	1	5
2016	13	5	3	0	2	2	0	0	0	0	4	2

LNG 船与 FSRU 船同时停靠作业的连续作业损失天数 表 7-21

年份	月份											
	1月	2月	3月	4月	5月	6月	7月	8月	9月	10月	11月	12月
	天数											
1979	4	5	0	3	0	9	5	7	3	2	3	4
1980	2	3	3	1	0	3	2	3	1	1	6	4
1981	7	2	4	0	3	5	3	5	4	2	1	0
1982	9	6	4	3	3	6	4	7	3	4	4	3
1983	9	4	2	0	1	4	2	2	0	3	2	4
1984	10	3	4	2	3	8	3	3	1	0	2	2
1985	5	2	0	1	0	5	6	1	0	0	2	2
1986	9	3	3	3	1	8	4	3	1	2	3	4
1987	7	6	3	0	2	1	12	6	2	4	1	2
1988	8	6	3	2	0	4	5	5	0	4	2	0

续上表

年份	月份											
	1月	2月	3月	4月	5月	6月	7月	8月	9月	10月	11月	12月
	天数											
1989	8	5	3	0	1	5	5	0	3	3	2	4
1990	8	7	3	3	2	6	7	4	0	0	1	2
1991	6	5	1	4	0	8	4	6	0	0	3	3
1992	7	7	1	2	4	6	5	4	1	3	3	2
1993	3	2	5	3	3	7	5	2	3	2	3	3
1994	6	1	0	2	0	7	5	2	1	1	1	4
1995	4	5	3	2	2	3	0	2	2	0	0	3
1996	7	2	0	3	0	4	6	2	0	1	1	1
1997	2	3	2	3	1	4	4	6	2	1	3	2
1998	7	2	2	1	1	0	1	2	0	0	1	3
1999	1	3	1	0	0	0	0	4	1	2	4	7
2000	3	0	2	0	0	0	4	3	3	0	2	1
2001	0	0	0	2	0	5	3	0	1	0	2	2
2002	3	0	2	0	2	4	1	5	0	1	2	2
2003	7	0	4	1	1	1	3	0	0	0	1	4
2004	2	3	0	2	4	4	0	1	0	1	3	3
2005	2	0	2	0	1	1	5	2	2	0	0	1
2006	4	3	2	2	1	4	4	3	1	2	4	4
2007	3	4	2	1	3	4	5	7	0	1	1	1
2008	7	6	1	2	0	3	0	3	2	0	1	3
2009	7	2	2	0	0	3	5	1	2	0	2	0
2010	11	5	3	2	3	0	2	0	2	0	0	1
2011	5	2	3	3	0	3	3	2	2	4	2	2
2012	7	2	4	2	1	5	1	4	1	0	3	3
2013	7	1	2	3	1	3	3	3	1	2	3	0
2014	6	7	9	2	1	5	5	0	1	0	1	4
2015	9	2	4	2	2	9	5	0	0	2	1	5
2016	13	5	3	0	3	2	2	2	0	0	4	3

7.2 某国内工程波浪模拟和系泊船舶作业条件研究

7.2.1 项目概况

代表项目特点：某国内工程位于黄骅散货港区南北防波堤内侧，距口门较近，无论现状还是后续防波堤加高、延伸，对原油一期工程水动力条件均有影响，并且水动力条件复杂，受多个方向的波浪、潮流及风等动力的联合作用。因此，拟通过研究得出港区内波浪分布情况，以及给出不同水位、不同风、浪、流条件组合情况下各载度船舶的运动状态（包括船舶的横移、纵移、升沉、横摇、纵摇和回转）、系缆力、撞击力和撞击能量，并根据模拟结果，提出系缆墩和靠船墩布置的优化方案，为设计提供依据。

该项目为了进一步验证系泊船舶允许作业条件，开展了1:65船舶系泊整体物理模型试验，对拟建码头的不同系泊船型，进行了不同风、浪、流组合条件下的船舶运动量、系缆力、撞击力和撞击能量的试验。

得出了0°、30°和90°三个浪向作用下，30万吨油船、15万吨油船和10万吨油船的推荐作业波高，并结合系缆力的标准给出了系泊控制条件，为工程设计和运营提供了重要参考。

7.2.2 波浪模拟技术研究

由于现有码头设计重现期均为50年，原油码头工程设计标准为100年，需推算外海波浪传播至口门附近的100年重现期波浪，为物理模型提供边界条件。计算采用MIKE21的SW模块，-20m等深线波要素采用中国海洋大学2004年推算结果，推算不同方向、不同水位条件下各重现期波浪条件。

1）计算方法

MIKE21的SW模块波浪模型由丹麦水力研究所（DHI）研发，模型自开发以来吸取了世界范围内大量实际工程的应用经验，在国际河口、海岸及海洋工程设计中得到广泛应用和持续发展。

MIKE21的SW模块考虑到的物理现象有：

（1）风生浪；

（2）波—波间的非线性作用；

（3）白帽引起的能量损耗；

(4)底摩阻引起的能量损耗;

(5)水深变化引发的波浪破碎产生的能量损耗;

(6)波浪反射、绕射及浅水变形;

(7)波浪与水流之间的相互作用;

(8)水深变化及干湿区的影响。

MIKE21 的 SW 模块基于波作用守恒方程,采用波作用密度 $N(\sigma,\theta)$ 来描述波浪。同时考虑多方向波浪进行计算,以合理模拟岛屿绕射对波浪传播的影响。模型的自变量为相对波频率 σ 和波向 θ。波频率 σ 和波向 θ。波作用密度与波能谱密度 $E(\sigma,\theta)$ 的关系为:

$$N(\sigma,\theta)=\frac{E(\sigma,\theta)}{\sigma} \tag{7-1}$$

式中,σ 为相对频率;θ 为波向。

在笛卡尔坐标系下,MIKE21 的 SW 模块的控制方程,即波作用守恒方程可以表示为:

$$\frac{\partial N}{\partial t}+\nabla\cdot(\vec{v}N)=\frac{S}{\sigma} \tag{7-2}$$

式中,$\vec{v}$ 为波群速度;N 为动谱密度;t 为时间;S 为能量平衡方程中的源项;∇ 为微分算子;s 为波浪的传播方向;S 为能量平衡方程中以谱密度表示的源函数。

传播速度均采用线性波理论计算:

$$c_x=\frac{\mathrm{d}x}{\mathrm{d}t}=\frac{1}{2}\left[1+\frac{2kd}{\mathrm{sh}(2kd)}\right]\frac{\sigma k_x}{k^2}+U_x \tag{7-3}$$

$$c_y=\frac{\mathrm{d}y}{\mathrm{d}t}=\frac{1}{2}\left[1+\frac{2kd}{\mathrm{sh}(2kd)}\right]\frac{\sigma k_y}{k^2}+U_y \tag{7-4}$$

$$c_\sigma=\frac{\mathrm{d}\sigma}{\mathrm{d}t}=\frac{\partial\sigma}{\partial d}\left[\frac{\partial d}{\partial t}+\vec{U}\cdot\nabla_{\vec{x}}d\right]-c_g\vec{k}\cdot\frac{\partial\vec{U}}{\partial s} \tag{7-5}$$

$$c_\theta=\frac{\mathrm{d}\theta}{\mathrm{d}t}=-\frac{1}{k}\left[\frac{\partial\sigma}{\partial d}\frac{\partial d}{\partial m}+\vec{k}\cdot\frac{\partial\vec{U}}{\partial m}\right] \tag{7-6}$$

式中,c_x、c_y 为波作用在地理空间(x,y)中传播时的变化;c_σ 为由于水深和水流变化造成的相对频率的变化;c_θ 为由水深和水流引起的折射;k 为波数;U 为流速;θ、m 为垂直于 s 的方向;$\nabla_{\vec{x}}$为在 $\vec{x}$ 空间上的二维微分算子。

MIKE21 的 SW 模块模型中的源函数项描述了各种物理现象的源函数的叠加:

$$S=S_{\mathrm{in}}+S_{nl}+S_{\mathrm{ds}}+S_{\mathrm{bot}}+S_{\mathrm{surf}}$$

式中,S_{in}为风输入的能量;S_{nl}为波与波之间的非线性作用引起的能量损耗;S_{ds}为由白帽引起的能量损耗;S_{bot}为底摩阻引起的能量损耗;S_{surf}为由于水深变化引起的波浪破碎产生的能量损耗。

2)计算区域及地形

计算模型网格地形如图7-23和图7-24所示,计算域大范围水深提取自海图数据库。工程附近海域水深参考地形实测数据修正。计算模型范围为整个渤海湾,东西长约120km,南北长约127km。计算采用非结构化三角形网格,外海边界到-20m等深线位置,网格为2000m,工程区域最小网格为20m。

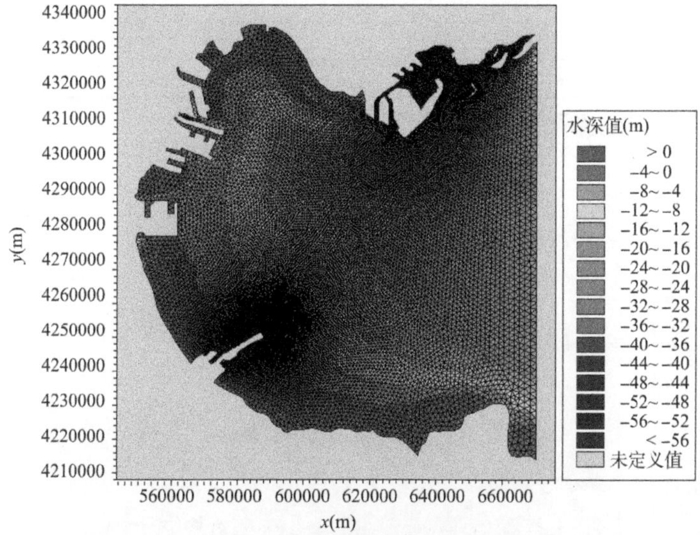

图7-23　计算模型网格地形图

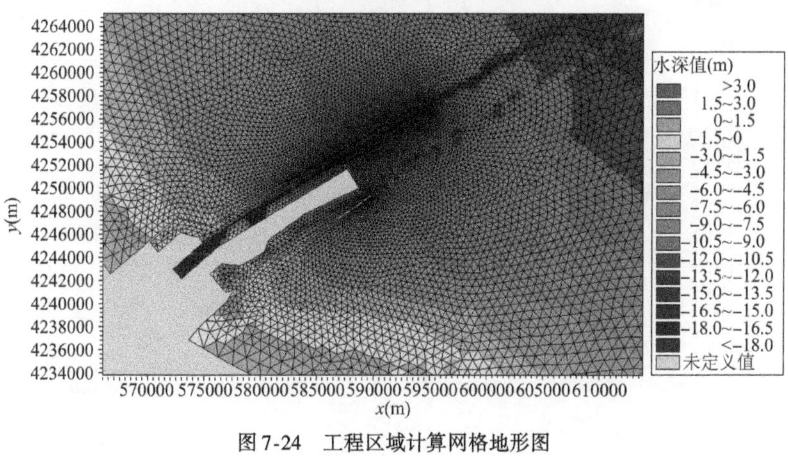

图7-24　工程区域计算网格地形图

3)深水波要素

中国海洋大学2004年曾以多年气象资料为依据,求解出工程海域-20m等深线处不同重现期的有效波高及对应的周期，见表7-22。本次以该表中的波要素作为波浪推算依据。

－20m等深线处不同重现期有效波高及周期 表7-22

方向	重现期			
	50年一遇		2年一遇	
	H_S(m)	T_m(s)	H_S(m)	T_m(s)
NE	5.14	8.7	3.39	7.1
ENE	4.99	8.4	3.28	7.0
E	4.77	8.4	3.22	7.0

－7m等深线处提取测点位置如图7-25所示。

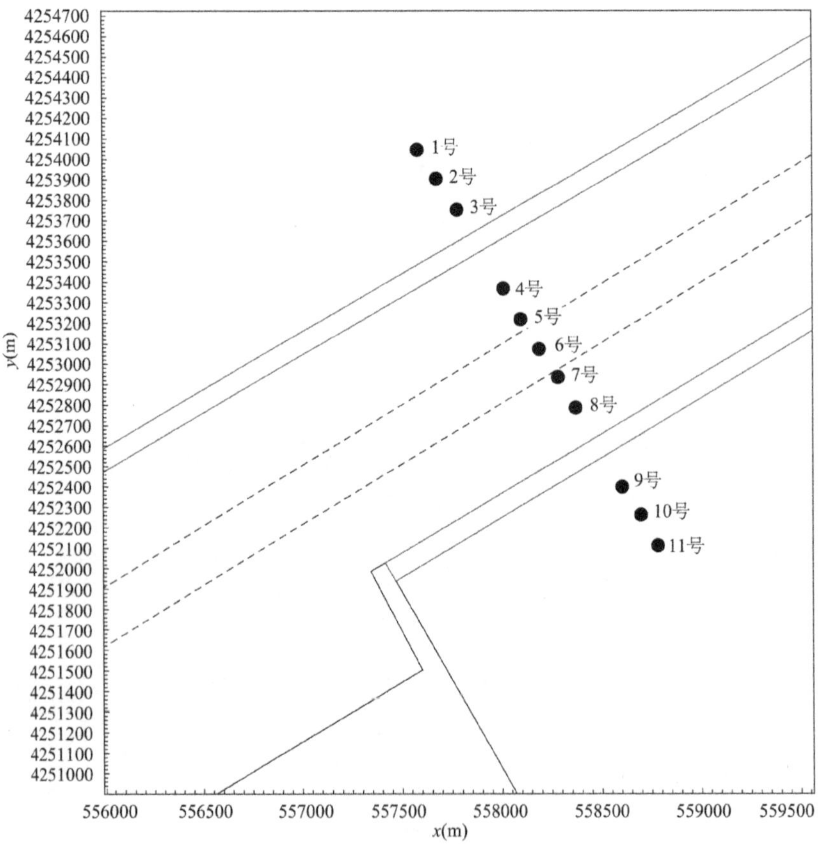

图7-25 －7m等深线处提取测点位置图

4）模型参数选取

（1）底摩擦系数f：一般取值范围在0.001～0.10之间，取不同的值对计算结果影响很大，风浪时选用0.001～0.0015，混合浪及涌浪时选取0.0015～0.10。本次计算中底摩擦系数根据以上模型验证后选取0.004。

(2)γ：本次计算地形坡度较缓，小于1/1000。

(3)破碎指标取0.60～0.65。

5)计算结果

在－7m等深线附近提取了11个点的波浪结果。设计高水位和设计低水位波高分布图见图7-26～图7-31。波浪要素计算结果见表7-23～表7-25。

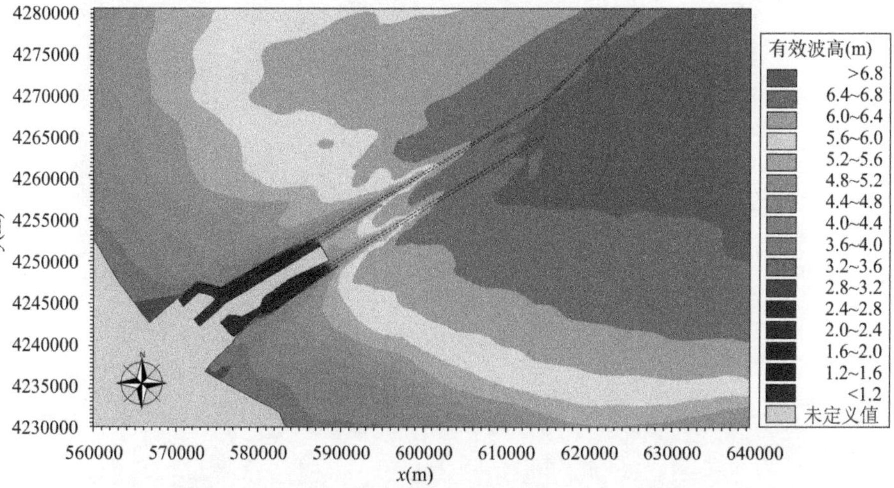

图7-26 ENE向设计高水位50年一遇有效波高分布图

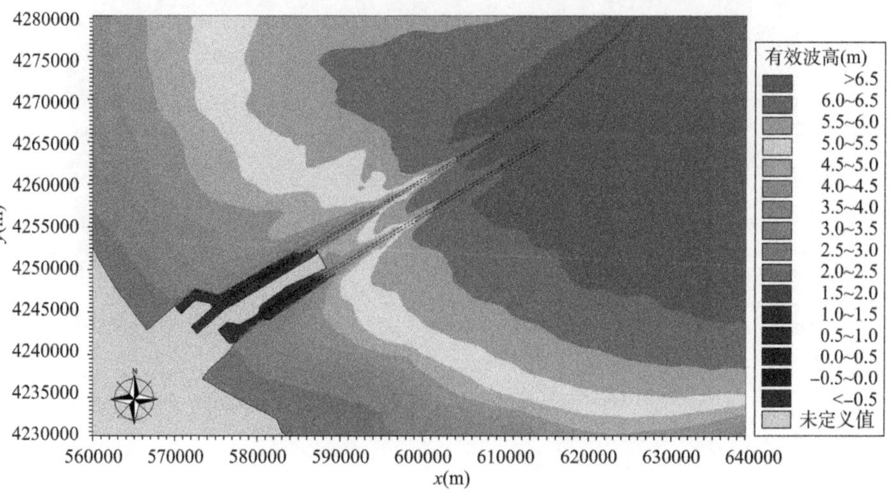

图7-27 ENE向设计低水位50年一遇有效波高分布图

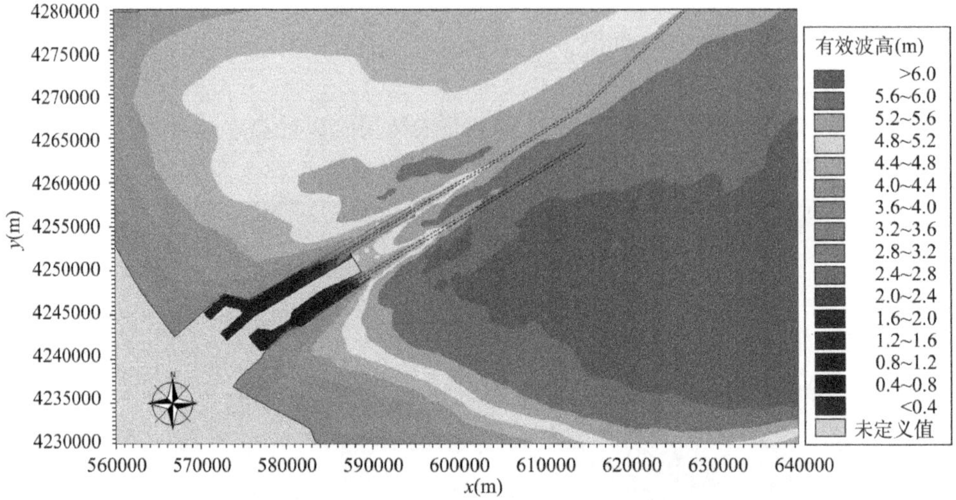

图 7-28　NE 向设计高水位 50 年一遇有效波高分布图

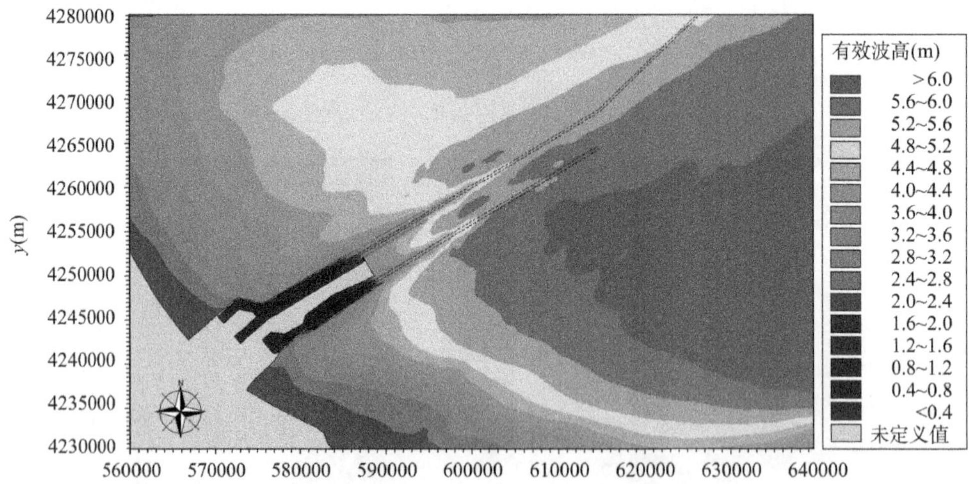

图 7-29　NE 向设计低水位 50 年一遇有效波高分布图

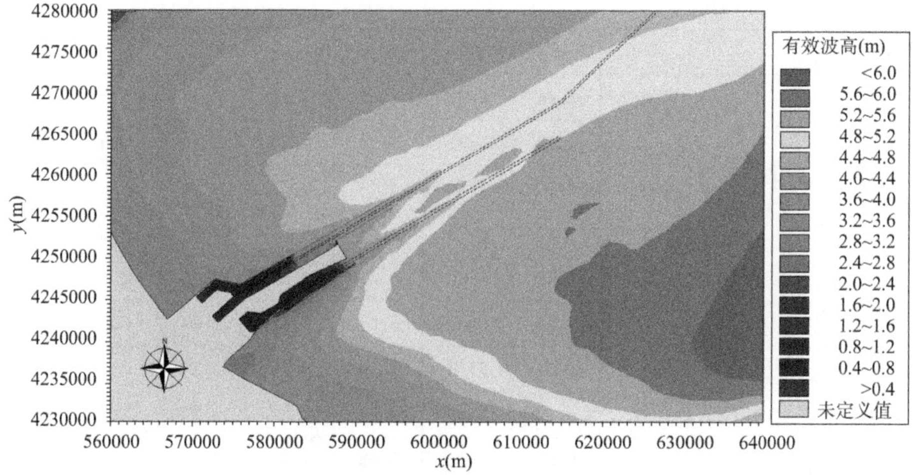

图 7-30 NNE 向设计高水位 50 年一遇有效波高分布图

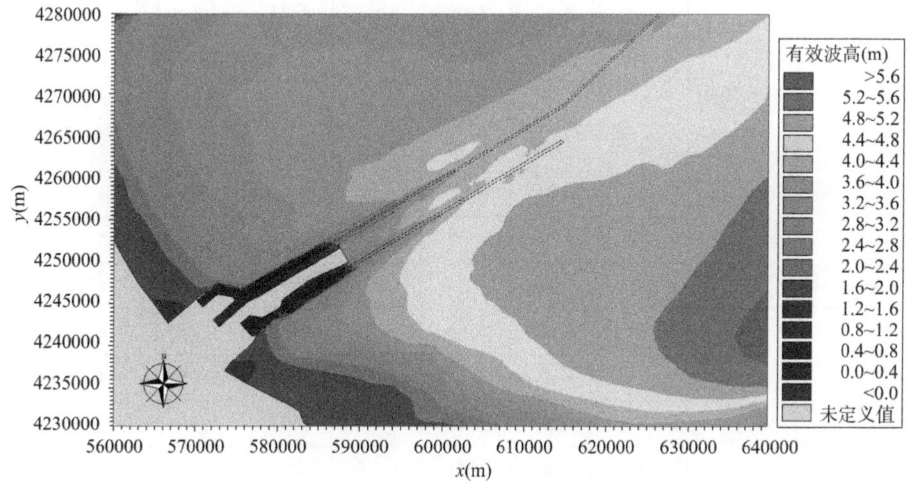

图 7-31 NNE 向设计低水位 50 年一遇有效波高分布图

ENE 向波浪要素计算结果 表 7-23

重现期(年)	水 位	点号	$H_{1\%}$(m)	$H_{4\%}$(m)	$H_{5\%}$(m)	$H_{13\%}$(m)	$\overline{H}$(m)	T(s)	L(m)
100	100 年一遇高水位(+5.75m)	1	6.68	5.86	5.72	4.98	3.39	8.6	56.08
		2	6.65	5.82	5.68	4.94	3.36	8.6	56.08
		3	6.81	5.97	5.83	5.08	3.47	8.6	56.08
		4	6.62	5.80	5.66	4.92	3.35	8.6	56.08
		5	5.98	5.20	5.07	4.39	2.94	8.6	56.08

续上表

重现期(年)	水位	点号	$H_{1\%}$(m)	$H_{4\%}$(m)	$H_{5\%}$(m)	$H_{13\%}$(m)	$\overline{H}$(m)	T(s)	L(m)
100	100年一遇高水位(+5.75m)	6	5.84	5.01	4.87	4.14	2.69	8.6	60.07
		7	5.88	5.11	4.98	4.30	2.88	8.6	56.08
		8	6.39	5.58	5.45	4.73	3.20	8.6	56.08
		9	7.24	6.38	6.23	5.46	3.76	8.6	56.08
		10	7.48	6.61	6.46	5.67	3.93	8.6	56.08
		11	7.57	6.69	6.54	5.75	3.99	8.6	56.08
50	100年一遇高水位(+5.75m)	1	6.51	5.70	5.56	4.83	3.28	8.4	56.08
		2	6.50	5.69	5.55	4.82	3.27	8.4	56.08
		3	6.65	5.82	5.68	4.95	3.37	8.4	56.08
		4	6.47	5.65	5.52	4.79	3.25	8.4	56.08
		5	5.81	5.05	4.92	4.25	2.84	8.4	56.08
		6	5.65	4.84	4.70	4.00	2.59	8.4	60.07
		7	5.72	4.96	4.84	4.17	2.79	8.4	56.08
		8	6.23	5.43	5.30	4.59	3.10	8.4	56.08
		9	7.07	6.22	6.08	5.31	3.65	8.4	56.08
		10	7.34	6.47	6.32	5.54	3.83	8.4	56.08
		11	7.42	6.55	6.40	5.62	3.89	8.4	56.08
50	极端高水位(+5.61m)	1	6.47	5.66	5.52	4.80	3.26	8.4	55.92
		2	6.45	5.64	5.51	4.79	3.25	8.4	55.92
		3	6.60	5.78	5.64	4.91	3.34	8.4	55.92
		4	6.42	5.61	5.48	4.76	3.23	8.4	55.92
		5	5.76	5.01	4.88	4.21	2.82	8.4	55.92
		6	5.61	4.80	4.67	3.96	2.57	8.4	60.07
		7	5.67	4.92	4.80	4.14	2.76	8.4	55.92
		8	6.18	5.39	5.26	4.56	3.07	8.4	55.92
		9	7.03	6.18	6.04	5.28	3.63	8.4	55.92
		10	7.29	6.43	6.29	5.51	3.81	8.4	55.92
		11	7.38	6.52	6.37	5.59	3.87	8.4	55.92

续上表

重现期(年)	水位	点号	$H_{1\%}$(m)	$H_{4\%}$(m)	$H_{5\%}$(m)	$H_{13\%}$(m)	$\overline{H}$(m)	T(s)	L(m)
50	设计高水位(+4.05m)	1	5.93	5.20	5.08	4.43	3.03	8.4	53.99
		2	5.91	5.18	5.06	4.41	3.01	8.4	53.99
		3	6.05	5.31	5.19	4.53	3.10	8.4	53.99
		4	5.88	5.16	5.04	4.39	3.00	8.4	53.99
		5	5.25	4.57	4.46	3.86	2.60	8.4	53.99
		6	5.13	4.38	4.25	3.60	2.32	8.4	60.07
		7	5.13	4.46	4.35	3.76	2.52	8.4	53.99
		8	5.61	4.91	4.79	4.16	2.82	8.4	53.99
		9	6.50	5.74	5.62	4.93	3.42	8.4	53.99
		10	(6.63)	6.02	5.89	5.19	3.63	8.4	53.99
		11	(6.63)	6.11	5.98	5.27	3.69	8.4	53.99
50	设计高水位(+0.62m)	1	(4.57)	4.20	4.11	3.62	2.53	8.4	47.90
		2	(4.57)	4.15	4.06	3.58	2.50	8.4	47.90
		3	(4.57)	4.27	4.18	3.69	2.59	8.4	47.90
		4	(4.57)	4.16	4.07	3.58	2.51	8.4	47.90
		5	4.12	3.61	3.53	3.08	2.11	8.4	47.90
		6	4.04	3.43	3.33	2.80	1.78	8.4	60.07
		7	3.94	3.45	3.37	2.93	1.99	8.4	47.90
		8	4.36	3.85	3.76	3.29	2.27	8.4	47.90
		9	(4.57)	(4.57)	(4.57)	4.16	2.98	8.4	47.90
		10	(4.57)	(4.57)	(4.57)	4.48	3.25	8.4	47.90
		11	(4.57)	(4.57)	(4.57)	(4.57)	3.34	8.4	47.90
2	设计高水位(+0.62m)	1	4.27	3.68	3.58	3.07	2.02	7.0	53.99
		2	4.25	3.66	3.57	3.05	2.01	7.0	53.99
		3	4.36	3.76	3.66	3.14	2.07	7.0	53.99
		4	4.23	3.65	3.55	3.04	2.00	7.0	53.99
		5	3.76	3.23	3.14	2.67	1.74	7.0	53.99
		6	3.61	3.06	2.97	2.49	1.58	7.0	60.07

续上表

重现期(年)	水　　位	点号	$H_{1\%}$(m)	$H_{4\%}$(m)	$H_{5\%}$(m)	$H_{13\%}$(m)	$\overline{H}$(m)	T(s)	L(m)
2	设计高水位(+0.62m)	7	3.67	3.15	3.06	2.60	1.69	7.0	53.99
		8	4.03	3.47	3.37	2.88	1.89	7.0	53.99
		9	4.70	4.07	3.97	3.41	2.27	7.0	53.99
		10	4.93	4.28	4.17	3.59	2.40	7.0	53.99
		11	5.00	4.34	4.23	3.65	2.44	7.0	53.99

注:表中括号中的数值对应表示破碎波浪的数值。表7-24、表7-25类同。

NE 向波浪要素计算结果　　表 7-24

重现期(年)	水　　位	点号	$H_{1\%}$(m)	$H_{4\%}$(m)	$H_{5\%}$(m)	$H_{13\%}$(m)	$\overline{H}$(m)	T(s)	L(m)
100	100年一遇高水位(+5.75m)	1	6.58	5.76	5.62	4.89	3.32	8.9	59.19
		2	6.57	5.75	5.61	4.88	3.32	8.9	59.19
		3	6.67	5.84	5.70	4.96	3.38	8.9	59.19
		4	6.53	5.71	5.57	4.84	3.29	8.9	59.19
		5	5.89	5.13	5.00	4.32	2.89	8.9	59.19
		6	5.69	4.87	4.74	4.03	2.61	8.9	63.85
		7	5.58	4.84	4.71	4.06	2.70	8.9	59.19
		8	6.02	5.24	5.11	4.42	2.97	8.9	59.19
		9	6.61	5.79	5.65	4.92	3.34	8.9	59.19
		10	6.87	6.03	5.88	5.13	3.51	8.9	59.19
		11	6.92	6.08	5.94	5.18	3.55	8.9	59.19
50	100年一遇高水位(+5.75m)	1	6.44	5.63	5.49	4.77	3.23	8.7	59.19
		2	6.42	5.61	5.48	4.76	3.22	8.7	59.19
		3	6.54	5.72	5.59	4.86	3.30	8.7	59.19
		4	6.40	5.59	5.46	4.74	3.21	8.7	59.19
		5	5.77	5.01	4.89	4.22	2.82	8.7	59.19
		6	5.51	4.71	4.58	3.89	2.51	8.7	63.85
		7	5.45	4.72	4.60	3.96	2.63	8.7	59.19
		8	5.85	5.08	4.95	4.28	2.86	8.7	59.19
		9	6.48	5.67	5.53	4.81	3.26	8.7	59.19

续上表

重现期(年)	水　位	点号	$H_{1\%}$(m)	$H_{4\%}$(m)	$H_{5\%}$(m)	$H_{13\%}$(m)	$\overline{H}$(m)	T(s)	L(m)
50	100年一遇高水位(+5.75m)	10	6.69	5.86	5.72	4.98	3.39	8.7	59.19
		11	6.79	5.96	5.82	5.07	3.46	8.7	59.19
50	极端高水位(+5.61m)	1	6.40	5.59	5.46	4.74	3.21	8.7	59.01
		2	6.38	5.58	5.44	4.73	3.20	8.7	59.01
		3	6.50	5.69	5.55	4.82	3.28	8.7	59.01
		4	6.35	5.55	5.42	4.70	3.19	8.7	59.01
		5	5.73	4.98	4.85	4.19	2.80	8.7	59.01
		6	5.47	4.68	4.54	3.86	2.49	8.7	63.85
		7	5.41	4.69	4.56	3.93	2.61	8.7	59.01
		8	5.80	5.04	4.92	4.25	2.84	8.7	59.01
		9	6.44	5.64	5.50	4.78	3.24	8.7	59.01
		10	6.65	5.83	5.69	4.96	3.38	8.7	59.01
		11	6.75	5.93	5.79	5.04	3.45	8.7	59.01
50	设计高水位(+4.05m)	1	5.91	5.18	5.06	4.41	3.01	8.7	53.99
		2	5.87	5.15	5.03	4.38	2.99	8.7	53.99
		3	5.98	5.25	5.12	4.47	3.06	8.7	53.99
		4	5.84	5.12	4.99	4.35	2.97	8.7	53.99
		5	5.24	4.56	4.45	3.85	2.59	8.7	53.99
		6	5.03	4.29	4.17	3.53	2.27	8.7	60.07
		7	4.94	4.28	4.17	3.60	2.40	8.7	53.99
		8	5.31	4.63	4.52	3.91	2.63	8.7	53.99
		9	6.00	5.27	5.15	4.49	3.07	8.7	53.99
		10	6.24	5.50	5.37	4.70	3.24	8.7	53.99
		11	6.34	5.59	5.47	4.79	3.31	8.7	53.99
50	设计低水位(+0.62m)	1	(4.57)	4.26	4.17	3.68	2.58	8.7	47.90
		2	(4.57)	4.20	4.11	3.62	2.54	8.7	47.90
		3	(4.57)	4.28	4.18	3.69	2.60	8.7	47.90
		4	(4.57)	4.14	4.05	3.57	2.49	8.7	47.90

续上表

重现期(年)	水　　位	点号	$H_{1\%}$(m)	$H_{4\%}$(m)	$H_{5\%}$(m)	$H_{13\%}$(m)	$\overline{H}$(m)	T(s)	L(m)
50	设计低水位(+0.62m)	5	4.16	3.65	3.57	3.11	2.13	8.7	47.90
		6	4.06	3.44	3.34	2.81	1.79	8.7	60.07
		7	3.88	3.39	3.31	2.88	1.95	8.7	47.90
		8	4.23	3.72	3.63	3.17	2.18	8.7	47.90
		9	(4.57)	4.44	4.35	3.85	2.72	8.7	47.90
		10	(4.57)	(4.57)	(4.57)	4.13	2.96	8.7	47.90
		11	(4.57)	(4.57)	(4.57)	4.23	3.04	7.1	47.90
2	设计高水位(+4.05m)	1	4.25	3.66	3.57	3.05	2.01	7.1	56.84
		2	4.22	3.64	3.54	3.03	1.99	7.1	56.84
		3	4.30	3.71	3.61	3.10	2.04	7.1	56.84
		4	4.20	3.62	3.52	3.01	1.98	7.1	56.84
		5	3.75	3.22	3.13	2.67	1.74	7.1	56.84
		6	3.55	3.00	2.91	2.44	1.55	7.1	63.85
		7	3.52	3.02	2.93	2.49	1.62	7.1	56.84
		8	3.80	3.27	3.18	2.71	1.76	7.1	56.84
		9	4.32	3.73	3.63	3.11	2.05	7.1	56.84
		10	4.51	3.89	3.79	3.25	2.15	7.1	56.84
		11	4.58	3.96	3.86	3.32	2.20	7.1	56.84

NNE 向波浪要素计算结果　　表 7-25

重现期(年)	水　　位	点号	$H_{1\%}$(m)	$H_{4\%}$(m)	$H_{5\%}$(m)	$H_{13\%}$(m)	$\overline{H}$(m)	T(s)	L(m)
100	100 年一遇高水位(+5.75m)	1	6.56	5.74	5.60	4.87	3.31	8.5	59.19
		2	6.53	5.71	5.57	4.85	3.29	8.5	59.19
		3	6.60	5.78	5.64	4.91	3.34	8.5	59.19
		4	6.58	5.76	5.62	4.89	3.32	8.5	59.19
		5	6.49	5.68	5.54	4.82	3.27	8.5	59.19
		6	6.60	5.68	5.53	4.72	3.09	8.5	63.85
		7	6.13	5.34	5.21	4.51	3.04	8.5	59.19
		8	5.96	5.18	5.05	4.37	2.93	8.5	59.19

续上表

重现期(年)	水　　位	点号	$H_{1\%}$(m)	$H_{4\%}$(m)	$H_{5\%}$(m)	$H_{13\%}$(m)	$\overline{H}$(m)	T(s)	L(m)
100	100年一遇高水位(+5.75m)	9	6.33	5.53	5.39	4.68	3.16	8.5	59.19
		10	6.46	5.65	5.51	4.79	3.25	8.5	59.19
		11	6.51	5.69	5.55	4.83	3.27	8.5	59.19
50	100年一遇高水位(+5.75m)	1	6.42	5.61	5.47	4.75	3.22	8.3	59.19
		2	6.40	5.59	5.45	4.74	3.21	8.3	59.19
		3	6.43	5.62	5.48	4.76	3.22	8.3	59.19
		4	6.44	5.63	5.49	4.77	3.23	8.3	59.19
		5	6.36	5.55	5.42	4.70	3.18	8.3	59.19
		6	6.43	5.53	5.38	4.59	3.00	8.3	63.85
		7	5.97	5.20	5.06	4.38	2.94	8.3	59.19
		8	5.83	5.07	4.94	4.27	2.85	8.3	59.19
		9	6.19	5.40	5.26	4.56	3.07	8.3	59.19
		10	6.30	5.50	5.37	4.66	3.15	8.3	59.19
		11	6.38	5.57	5.44	4.72	3.19	8.3	59.19
50	极端高水位(+5.61m)	1	6.36	5.56	5.42	4.71	3.19	8.3	59.01
		2	6.34	5.54	5.41	4.69	3.18	8.3	59.01
		3	6.37	5.57	5.43	4.72	3.20	8.3	59.01
		4	6.37	5.57	5.43	4.72	3.20	8.3	59.01
		5	6.28	5.48	5.35	4.64	3.14	8.3	59.01
		6	6.35	5.46	5.31	4.53	2.96	8.3	63.85
		7	5.90	5.13	5.00	4.32	2.90	8.3	59.01
		8	5.77	5.01	4.89	4.22	2.82	8.3	59.01
		9	6.13	5.34	5.21	4.52	3.04	8.3	59.01
		10	6.24	5.45	5.32	4.61	3.12	8.3	59.01
		11	6.32	5.52	5.39	4.68	3.17	8.3	59.01
50	设计高水位(+4.05m)	1	5.72	5.01	4.89	4.25	2.89	8.3	53.99
		2	5.68	4.97	4.85	4.22	2.87	8.3	53.99
		3	5.71	5.00	4.88	4.24	2.88	8.3	53.99

续上表

重现期(年)	水位	点号	$H_{1\%}$(m)	$H_{4\%}$(m)	$H_{5\%}$(m)	$H_{13\%}$(m)	$\overline{H}$(m)	T(s)	L(m)
50	设计高水位(+4.05m)	4	5.62	4.92	4.80	4.17	2.83	8.3	53.99
		5	5.45	4.75	4.64	4.02	2.71	8.3	53.99
		6	5.47	4.68	4.55	3.86	2.49	8.3	60.07
		7	5.08	4.42	4.31	3.72	2.49	8.3	53.99
		8	5.06	4.40	4.28	3.70	2.48	8.3	53.99
		9	5.45	4.75	4.64	4.02	2.71	8.3	53.99
		10	5.59	4.88	4.77	4.14	2.81	8.3	53.99
		11	5.67	4.96	4.84	4.21	2.86	8.3	53.99
50	设计低水位(+0.62m)	1	4.30	3.79	3.70	3.24	2.23	8.3	47.90
		2	4.23	3.72	3.64	3.18	2.18	8.3	47.90
		3	4.25	3.74	3.65	3.19	2.19	8.3	47.90
		4	3.98	3.48	3.40	2.96	2.01	8.3	47.90
		5	3.61	3.14	3.06	2.65	1.78	8.3	47.90
		6	3.47	2.94	2.85	2.39	1.51	8.3	60.07
		7	3.29	2.85	2.78	2.39	1.59	8.3	47.90
		8	3.50	3.04	2.96	2.56	1.71	8.3	47.90
		9	3.94	3.45	3.37	2.93	1.99	8.3	47.90
		10	4.14	3.64	3.55	3.10	2.12	8.3	47.90
		11	4.23	3.72	3.64	3.18	2.18	8.3	47.90
2	设计高水位(+4.05m)	1	4.11	3.54	3.44	2.94	1.93	6.9	56.84
		2	4.08	3.51	3.42	2.92	1.92	6.9	56.84
		3	4.10	3.53	3.43	2.94	1.93	6.9	56.84
		4	4.04	3.47	3.38	2.89	1.89	6.9	56.84
		5	3.90	3.35	3.26	2.78	1.82	6.9	56.84
		6	3.86	3.28	3.18	2.67	1.70	6.9	63.85
		7	3.63	3.11	3.03	2.58	1.67	6.9	56.84
		8	3.61	3.10	3.01	2.56	1.66	6.9	56.84
		9	3.90	3.35	3.26	2.78	1.82	6.9	56.84
		10	4.01	3.45	3.36	2.87	1.88	6.9	56.84
		11	4.07	3.51	3.41	2.92	1.91	6.9	56.84

7.2.3 系泊船舶作业条件研究

7.2.3.1 研究条件

(1)试验水位

①设计高水位:+4.05m。

②设计低水位:+0.62m。

(2)试验船型

船型主尺度见表7-26。船舶装载状态包括满载、半载和压载三种状态,30万吨船考虑减载的情况。

设计船型主尺度表 表7-26

设计船型	总长(m)	型宽(m)	型深(m)	满载吃水(m)
150000 DWT	274	50	24.2	17.1
300000DWT	334	60	31.2	22.5

注:1.10万吨和15万吨船舶尺度相差不大,试验以15万吨船为主。

2.30万吨船减载后的吃水21.0m。

(3)风

风参数见表7-27。

风参数表 表7-27

风向	作业风速	系泊风速
90°(吹开风、吹拢风)	13.8m/s(6级)	24.4m/s(9级)
0°(船艏来风)	13.8m/s(6级)	24.4m/s(9级)

(4)波浪

试验船舶在港作业、系泊时码头前沿波要素见表7-28。

码头前沿波要素 表7-28

船型DWT	波向	90°浪		30°浪及0°浪	
		$H_{4\%}$(m)	T_m(s)	$H_{4\%}$(m)	T_m(s)
150000	作业工况	1.5、1.8	6、7、8	2.0、2.2	6、7、8
	系泊工况	1.8、2.0	6、7、8	2.2、2.5	6、7、8
300000	作业工况	1.5、1.8	6、7、8	2.0、2.2	6、7、8
	系泊工况	1.8、2.0	6、7、8	2.2、2.5	6、7、8

注:需给出不同船舶在不同条件时,系泊状态达到极限(撞击能量或系缆力超标)时的波高与周期的组合值,当达到极限组合值后,即终止。

(5)潮流

综合有关潮流数学模型计算结果可知,受堤的影响,涨潮时,外海潮流进入港区后形成一个逆时针的回流,落潮时,港区内水流向外流出回流消失(图 7-32)。本工程码头前沿涨潮最大流速约 0.15m/s,流向 222°~240°,落潮最大流速 0.37m/s,流向 52°~66°。考虑最不利条件,系泊试验过程中,泊位处的流速均采用 0.37m/s,落潮流向采用 52°(与码头前沿线夹角为 7°)。

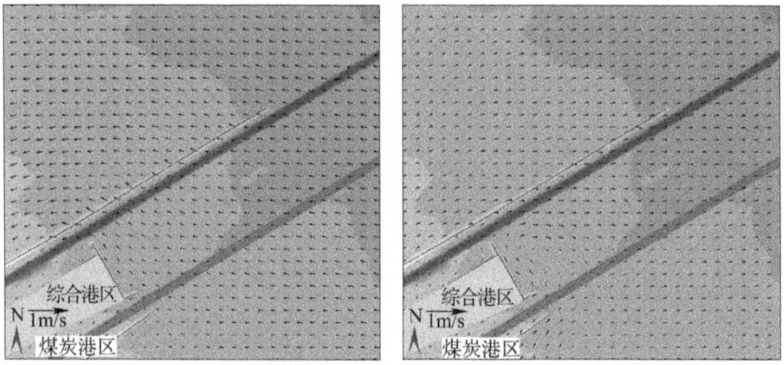

图 7-32 工程区流态示意图

(6)护舷

选用 SC2500H-R0 型一鼓一板橡胶护舷,其性能表和曲线图分别见表 7-29、图 7-33。不同船舶的系缆方式见图 7-34。

SC2500H-R0 型一鼓一板橡胶护舷性能表 表 7-29

护舷型号	设计反力(kN)	最大反力(kN)	设计吸能量(kN·m)	最大吸能量(kN·m)
R0 标准反力型	3088	3283	3391	3590

注:设计压缩变形率 47.5%,最大压缩变形率 50%,公差为 ±10%。

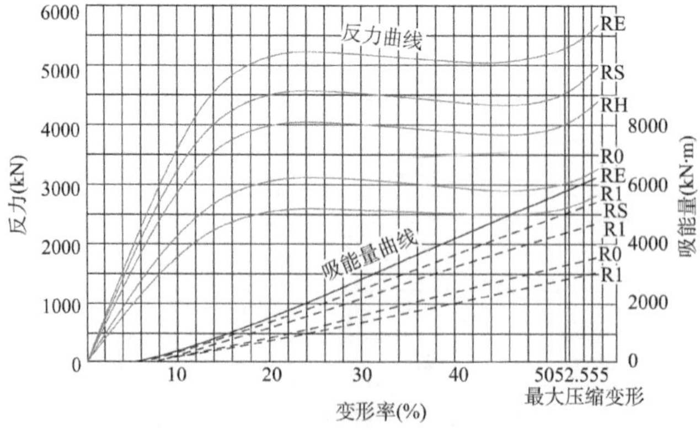

图 7-33 SC2500H-R0 型橡胶护舷性能曲线图

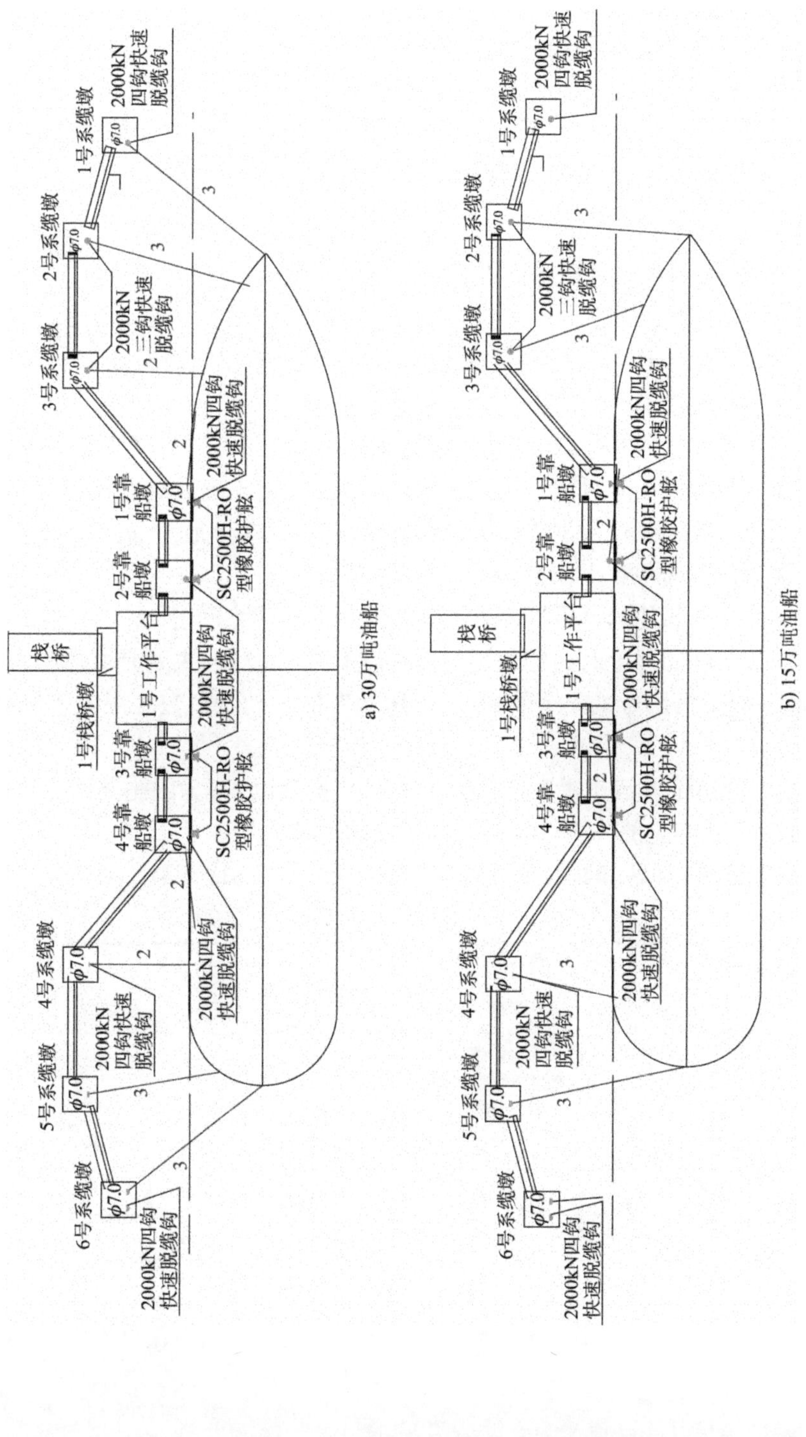

图7-34 不同船舶的系缆方式(直径单位:m)

(7)缆绳及系缆方式

根据有关工程经验,30 万吨油轮的系缆方式为 3∶3∶2∶2,采用尼龙缆,缆绳直径 84mm,破断力为 990kN;15 万吨油轮的系缆方式为 3∶3∶2∶2,采用尼龙缆,缆绳直径 76mm,破断力为 820kN;10 万吨油轮的系缆方式为 3∶3∶2∶2,采用尼龙缆,缆绳直径 76mm,破断力为 820kN。缆绳初拉力取破断力的 10% ~15% 。

7.2.3.2　试验成果及分析

1)30 万吨船舶系泊试验成果分析

(1)90°横浪运动量分析

①考虑横浪和不同风向的作用,总体来看,30 万吨船舶满载时的船舶运动量较小,半载和压载时由于吃水减小,船体重量减轻,受风面积变大,运动量增大。

②风向不同时对船舶的横移运动影响较为明显。其中,吹开风使得横移增大明显,半载和压载时由于受风面积较大,其横移的增幅大于满载时的横移增幅;吹拢风则使得横移减小明显,从试验结果看,半载的横移运动量最大,满载次之,压载最小;顺风由于作用面积有限,对船舶运动量的影响不大。

③各载度下,船舶的运动量均随着波高和波周期的增大而增大。

④综上所述,不同载度时的船舶运动量的变化较为复杂,主要是载度对风、浪荷载的响应不同。根据对试验结果的统计,压载时的运动量多数工况大于满载和半载。

⑤表 7-30 列出了横浪作用下,30 万吨油船纵、横移以 2m 为限制条件的特征工况的船舶运动量及相应的波高、周期值,供工程设计和运营参考。

横浪作用下,30 万吨油船纵、横移以 2m 为限制条件的特征工况的船舶运动量、波高和周期值

表 7-30

风速 v (m/s)	30 万吨船载度	波浪		运动量					
		H(m)	$T_{平均}$(s)	纵移(m)	横移(m)	升沉(m)	纵摇(°)	横摇(°)	回旋(°)
6 级风	满载	1.8	7	1.06	1.81	0.19	0.18	2.83	0.82
		1.8	8	1.11	1.93	0.25	0.18	3.18	0.84
	半载	1.8	7	1.18	1.85	0.19	0.22	2.95	0.85
		1.5	8	1.26	1.84	0.23	0.31	3.39	0.94
	压载	1.8	7	1.23	1.92	0.46	0.31	2.45	1.07
		1.5	8	1.48	1.96	0.42	0.51	4.93	1.12

综合 3 个载度的控制工况,得到横浪作用下,30 万吨油船纵横移不超过 2m 的

作业波高和周期值，控制条件如下：$H_{4\%}$ =1.5m，$T_{平均}$ ≤8s；$H_{4\%}$ =1.8m，$T_{平均}$ ≤7s。

(2)系缆力和撞击力分析

①横吹开风使得缆绳受力增大；迎风条件下，由于受风面积小，对缆力的增加并不明显，但艉倒缆受力有所增加；吹拢风则对降低系缆力有利，因此系缆力的最不利风向为横吹开风。

②系缆力和撞击力随着波高和波周期的增大而增大。总体而言，由于艏、艉缆和横缆的缆绳长度相差不大，各组缆绳受力较均匀，采用3:3:2:2 的系缆方式是合理的。

③横浪作用下，30 万吨油船单根系缆力以 594kN 控制的特征工况的缆力数据及相应的波高和周期值见表 7-31，即：

横浪、作业风速(6 级风)工况下，$H_{4\%}$ =1.8m，$T_{平均}$ =8s，满足系缆要求；

横浪、系泊风速(9 级风)工况下的控制条件为 $H_{4\%}$ =2.0m，$T_{平均}$ ≤8s。

横浪作用下，30 万吨船特征工况的缆力数据、相应波高、周期值 表 7-31

工况	风	载度	波浪		最大单根缆力(kN)							
			$H_{4\%}$ (m)	$T_{平均}$ (s)	艏缆	艏横缆1	艏横缆2	艏倒缆	艉倒缆	艉横缆2	艉横缆1	艉缆
作业工况	6 级风	满载	1.8	8	331	375	418	308	315	420	352	314
		半载			468	501	495	370	411	499	461	445
		压载			507	517	553	374	425	538	514	499
系泊工况	9 级风	满载	2.0	8	398	463	512	438	435	534	453	388
		半载			543	586	584	473	505	574	582	531
		压载			592	592	591	472	511	593	593	569

④采用 SC2500H(标准反力型)一鼓一板橡胶护舷，其设计反力为 3088kN，设计吸能量为 3391kJ，该护舷在横浪作用下，多数工况条件不满足要求，且超标较多，最大护舷受力 5068 ~ 5950kN(表 7-32)，建议采用 SC2500H-RO(标准反力型)二鼓一板橡胶护舷。

浪作用下，30 万吨船特征工况的撞击力数据 表 7-32

工况	风	载度	波浪		最大撞击力(kN)	最大撞击能量(kJ)
			$H_{4\%}$ (m)	$T_{平均}$ (s)		
作业工况	6 级风	满载	1.8	8	5068	3968
		半载			5885	4934
		压载			5850	4662

续上表

工　况	风	载　度	波　浪		最大撞击力	最大撞击能量
			$H_{4\%}$(m)	$T_{平均}$(s)	(kN)	(kJ)
系泊工况	9级风	满载	2.0	8	5498	4265
		半载			5894	4979
		压载			5950	5017

(3)30°和0°顺浪运动量分析

①30°和0°顺浪作用下,30万吨船舶的运动量整体要小于横浪作用时的结果,尤其是横移和横摇两个自由度对应的数值;但由于在顺浪作用下纵向波浪力变大,纵移自由度的运动量比横浪作用时的结果偏大。

②30°和0°顺浪作用下,30万吨油船纵、横移不超过2m的作业波高和周期值控制条件见表7-33、表7-34,即:

30°浪、作业风速(6级风)工况下,$H_{4\%}<2.2$m,$T_{平均}=8$s,满足作业要求;

0°顺浪、作业风速(6级风)工况下,$H_{4\%}<2.2$m,$T_{平均}=8$s,满足作业要求。

30°浪作用下,30万吨油船纵、横移以2m为限制条件的特征工况的船舶运动量、波高和周期值 表7-33

风速 v (m/s)	30万吨船载度	波　浪		运　动　量					
		H(m)	$T_{平均}$(s)	纵移(m)	横移(m)	升沉(m)	纵摇(°)	横摇(°)	回转(°)
6级风	满载	2.0	8	1.29	1.02	0.18	0.62	0.81	0.72
		2.2	8	1.68	1.14	0.23	0.65	0.85	0.76
	压载	2.0	8	1.79	1.05	0.27	0.51	0.87	0.57
		2.2	8	2.03	1.24	0.31	0.57	0.95	0.67

0°浪作用下,30万吨油船纵、横移以2m为限制条件的特征工况的船舶运动量、波高和周期值 表7-34

风速 v (m/s)	30万吨船载度	波　浪		运　动　量					
		H(m)	$T_{平均}$(s)	纵移(m)	横移(m)	升沉(m)	纵摇(°)	横摇(°)	回转(°)
6级风	满载	2.0	8	1.64	0.68	0.34	0.19	0.26	0.33
		2.2	8	1.84	0.86	0.42	0.22	0.27	0.39
	压载	2.0	8	1.85	0.76	0.31	0.22	0.34	0.34
		2.2	8	2.07	0.91	0.43	0.22	0.38	0.38

(4)系缆力和撞击力分析

①30°和0°顺浪作用下,系缆力和撞击力明显小于横浪作用,其中0°顺浪条件下的撞击力很小,故未统计。

②30°和0°顺浪作用下,30万吨油船以单根系缆力594kN控制的特征工况的

缆力数据及相应的波高和周期值见表7-35，即：

30°浪、作业风速(6级风)工况下，$H_{4\%}=2.2m$，$T_{平均}=8s$，满足系缆要求；

30°浪、系泊风速(9级风)工况下，$H_{4\%}=2.5m$，$T_{平均}=8s$，满足系缆要求；

0°顺浪、作业风速(6级风)工况下，$H_{4\%}=2.2m$，$T_{平均}=8s$，满足系缆要求；

0°顺浪、系泊风速(9级风)工况下的控制条件为$H_{4\%}=2.5m$，$T_{平均}<8s$。

30°和0°顺浪作用下，30万吨船以单根系缆力594kN控制的特征工况的缆力数据 表7-35

工况	风	载度	波浪		最大单根缆力(kN)							
			$H_{4\%}$ (m)	$T_{平均}$ (s)	艄缆	艄横缆1	艄横缆2	艄倒缆	艉倒缆	艉横缆2	艉横缆1	艉缆
30°浪作业工况	6级风	满载	2.2	8	265	262	261	351	305	280	303	336
		压载			276	291	294	379	291	301	340	341
30°浪系泊工况	9级风	满载	2.5	8	300	296	325	430	472	340	369	398
		压载			326	317	371	492	513	409	405	447
0°浪作业工况	6级风	满载	2.2	8	266	238	251	321	461	280	251	272
		压载			270	251	284	333	492	287	268	280
0°浪系泊工况	9级风	满载	2.5	8	309	274	318	364	526	327	268	293
		压载			315	297	374	405	619	350	290	299

③30万吨船在30°浪和0°顺浪作用下(表7-36)，SC2500H-RO(标准反力型)一鼓一板橡胶护舷，满足要求。

30°浪作用下，30万吨船特征工况的撞击力数据 表7-36

工况	风	载度	波浪		最大撞击力(kN)	最大撞击能量(kJ)
			$H_{4\%}$ (m)	$T_{平均}$ (s)		
作业工况	6级风	满载	2.2	8	3062	1865
		压载			3062	1715
系泊工况	9级风	满载	2.5	8	3062	2089
		压载			3062	1865

注：0°顺浪条件下的撞击力很小，故未统计。

2)15万吨和10万吨船舶系泊试验成果分析

(1)90°横浪运动量分析

①横浪作用下，15万吨油船纵、横移不超过2m的作业波高和周期值见

表7-37，即：横浪、作业风速（6级风）工况下，$H_{4\%} \leqslant 1.5m$，$T_{平均}=8s$，满足作业要求。

横浪作用下，15万吨油船纵、横移以2m为限制条件的特征工况的运动量、波高和周期值 表7-37

风速v（m/s）	15万吨船载度	波浪		运动量					
		H（m）	$T_{平均}$（s）	纵移（m）	横移（m）	升沉（m）	纵摇（°）	横摇（°）	回旋（°）
6级风	满载	1.5	8	0.84	1.75	0.33	0.44	3.14	0.81
		1.8	7	0.94	1.81	0.34	0.49	3.65	1.16
		1.8	8	0.98	2.02	0.36	0.51	3.85	1.21
	半载	1.5	8	0.93	1.87	0.51	0.37	4.25	1.09
		1.8	7	1.12	2.17	0.53	0.43	4.34	1.29
	压载	1.5	8	1.06	1.95	0.61	0.46	4.58	1.59
		1.8	7	1.21	2.37	0.62	0.48	4.81	1.63

②横浪作用下，10万吨油船纵、横移不超过2m的波高和周期值见表7-38，即横浪、作业风速（6级风）工况下，$H_{4\%} \leqslant 1.2m$，$T_{平均}=8s$，满足作业要求。

横浪作用下，10万吨油船纵、横移以2m为限制条件的特征工况的运动量、波高和周期值 表7-38

风速v（m/s）	10万吨船载度	波浪		运动量					
		H（m）	$T_{平均}$（s）	纵移（m）	横移（m）	升沉（m）	纵摇（°）	横摇（°）	回旋（°）
6级风	满载	1.2	8	0.75	1.87	0.42	0.56	3.53	0.85
		1.5	7	0.96	1.91	0.36	0.52	3.92	0.88
		1.5	8	1.01	2.05	0.53	0.57	4.11	0.91
	压载	1.2	8	0.96	1.92	0.36	0.50	5.05	1.23
		1.5	7	1.05	2.12	0.36	0.53	5.29	1.21

（2）系缆力和撞击力分析

①横浪作用下，15万吨油船以单根系缆力492kN控制的特征工况的缆力数据及相应的波高和周期值见表7-39，即：

横浪、作业风速（6级风）工况下，$H_{4\%}=1.8m$，$T_{平均}=8s$，满足系缆要求；

横浪、系泊风速（9级风）工况下的控制条件为$H_{4\%}=2.0m$，$T_{平均}<8s$。

横浪作用下,15 万吨船以单根系缆力 492kN 控制的特征工况的缆力数据、相应波高、周期值 表 7-39

工况	风	载度	波浪		最大单根缆力(kN)					
			$H_{4\%}$(m)	$T_{平均}$(s)	艏缆	艏横缆	艏倒缆	艉倒缆	艉横缆	艉缆
作业工况	6 级风	满载	1.8	8	398	426	332	388	424	387
		半载			414	467	350	453	493	444
		压载			443	472	366	485	490	438
系泊工况	9 级风	满载	1.8	8	429	457	353	402	450	400
		半载			463	472	363	444	484	441
		压载			475	489	375	456	479	463
		满载	2.0	7	423	461	360	361	462	413
		半载			463	473	365	356	470	457
		压载			471	490	374	378	484	475
		满载	2.0	8	442	505	410	450	516	457
		半载			471	529	427	474	521	482
		压载			491	528	433	491	520	500

②横浪作用下,10 万吨油船以单根系缆力 492kN 控制的特征工况的缆力数据及相应的波高和周期值见表 7-40,即:

横浪、作业风速(6 级风)工况下,$H_{4\%}=1.5\text{m}$,$T_{平均}=8\text{s}$,满足系缆要求;

横浪、系泊风速(9 级风)工况下的控制条件为 $H_{4\%}=1.8\text{m}$,$T_{平均}\leqslant 8\text{s}$。

横浪作用下,10 万吨船以单根系缆力 492kN 控制的特征工况的缆力数据、相应波高、周期值 表 7-40

工况	风	载度	波浪		最大单根缆力(kN)					
			$H_{4\%}$(m)	$T_{平均}$(s)	艏缆	艏横缆	艏倒缆	艉倒缆	艉横缆	艉缆
作业工况	6 级风	满载	1.5	8	343	400	316	319	406	355
		压载			380	423	330	332	433	375
系泊工况	9 级风	满载	1.8	8	394	409	331	329	430	406
		压载			446	492	391	380	486	452

③15 万吨船在横浪作用下,最大护舷受力为 5428 ~ 5596kN(表 7-41),超出 SC2500H-RO(标准反力型)一鼓一板橡胶护舷的设计反力(3088kN),该护舷型号不满足要求。

④10 万吨船在横浪作用下,最大护舷受力为 4366 ~ 5142kN(表 7-42),超出

SC2500H-RO(标准反力型)一鼓一板橡胶护舷的设计反力(3088kN),该护舷型号不满足要求。

横浪作用下,15 万吨船特征工况的撞击力数据 表 7-41

工　况	风	载　度	波　浪		最大撞击力 (kN)	最大撞击能量 (kJ)
			$H_{4\%}$ (m)	$T_{平均}$ (s)		
作业工况	6 级风	满载	1.8	8	5428	3926
		半载			5450	4000
		压载			5532	4065
系泊工况	9 级风	满载	2.0	8	5497	3986
		半载			5541	4033
		压载			5596	4098

横浪作用下,10 万吨船特征工况的撞击力数据 表 7-42

工　况	风	载　度	波　浪		最大撞击力 (kN)	最大撞击能量 (kJ)
			$H_{4\%}$ (m)	$T_{平均}$ (s)		
作业工况	6 级风	满载	1.5	8	4594	3558
		压载			4366	3432
系泊工况	9 级风	满载	1.8	8	5142	3906
		压载			4974	3887

(3)30°和 0°顺浪运动量分析

①30°和 0°顺浪作用下,15 万吨船舶的运动量整体要小于横浪作用时的结果,尤其是横移和横摇两个自由度对应的数值;而由于在顺浪作用下纵向波浪力变大,纵移自由度的运动量比横浪作用时的结果偏大。

②30°和 0°顺浪作用下,15 万吨油船纵、横移不超过 2m 的波高和周期值分别见表 7-43、表 7-44,即:

30°浪、作业风速(6 级风)工况下,$H_{4\%} \leqslant 2.0$m,$T_{平均} = 8$s,满足作业要求;

0°顺浪、作业风速(6 级风)工况下,$H_{4\%} \leqslant 2.0$m,$T_{平均} = 8$s,满足作业要求。

30°浪作用下,15 万吨油船纵、横移以 2m 为限制条件的特征工况的运动量、波高和周期值 表 7-43

风速 v (m/s)	15 万吨船载度	波　浪		运　动　量					
		H(m)	$T_{平均}$(s)	纵移(m)	横移(m)	升沉(m)	纵摇(°)	横摇(°)	回旋(°)
6 级风	满载	2.0	8	1.68	1.28	0.43	0.93	0.99	0.68
		2.2	8	1.79	1.35	0.47	0.99	1.03	0.72

续上表

风速 v (m/s)	15 万吨船载度	波浪		运动量					
		H(m)	$T_{平均}$(s)	纵移(m)	横移(m)	升沉(m)	纵摇(°)	横摇(°)	回旋(°)
6 级风	半载	2.0	8	1.86	1.31	0.48	0.88	1.17	0.69
		2.2	8	1.90	1.42	0.49	0.88	1.35	0.74
	压载	2.0	8	1.91	1.34	0.39	0.85	1.36	0.67
		2.2	8	2.18	1.46	0.46	0.88	1.44	0.74

0°顺浪作用下,15 万吨油船纵、横移以 2m 为限制条件的特征工况的运动量、波高和周期值 表 7-44

风速 v (m/s)	15 万吨船载度	波浪		运动量					
		H(m)	$T_{平均}$(s)	纵移(m)	横移(m)	升沉(m)	纵摇(°)	横摇(°)	回旋(°)
6 级风	满载	2.0	8	1.75	0.94	0.48	0.32	0.50	0.58
		2.2	8	1.96	0.96	0.55	0.35	0.52	0.64
	半载	2.0	8	1.86	1.03	0.46	0.34	0.56	0.43
		2.2	8	2.05	1.12	0.53	0.37	0.57	0.47
	压载	2.0	8	1.96	1.17	0.39	0.37	0.55	0.46
		2.2	8	2.16	1.23	0.51	0.39	0.62	0.46

(4)系缆力和撞击力分析

①30°和 0°顺浪作用下,系缆力和撞击力明显小于横浪作用,其中 0°顺浪条件下的撞击力很小,故未统计。

②30°和 0°顺浪作用下,15 万吨油船以单根系缆力 492kN 控制的特征工况的缆力数据及相应的波高和周期值见表 7-45,即:

30°浪、作业风速(6 级风)工况下,$H_{4\%}=2.2\text{m}$,$T_{平均}=8\text{s}$,满足系缆要求;

30°浪、系泊风速(9 级风)工况下的控制条件为:$H_{4\%}=2.5\text{m}$,$T_{平均}\leqslant 8\text{s}$;

0°顺浪、作业风速(6 级风)工况下,$H_{4\%}=2.2\text{m}$,$T_{平均}=8\text{s}$,满足系缆要求;

0°顺浪、系泊风速(9 级风)工况下的控制条件为 $H_{4\%}=2.5\text{m}$,$T_{平均}<8\text{s}$。

30°和 0°顺浪作用下,15 万吨船特征工况的缆力数据及相应波高和周期值

表 7-45

工况	风	载度	波浪		最大单根缆力(kN)					
			$H_{4\%}$(m)	$T_{平均}$(s)	艏缆	艏横缆	艏倒缆	艉倒缆	艉横缆	艉缆
30°浪作业工况	6 级风	满载	2.2	8	231	223	327	289	256	233
		半载			239	242	343	294	282	274
		压载			242	246	355	298	285	292

续上表

工况	风	载度	波浪		最大单根缆力(kN)					
			$H_{4\%}$(m)	$T_{平均}$(s)	艏缆	艏横缆	艏倒缆	艉倒缆	艉横缆	艉缆
30°浪系泊工况	9级风	满载	2.5	8	254	246	342	422	274	249
		半载			253	259	350	324	303	311
		压载			255	255	378	492	353	348
0°浪作业工况	6级风	满载	2.2	8	235	234	328	327	252	261
		半载			246	232	344	344	271	264
		压载			243	233	350	338	275	267
0°浪系泊工况	9级风	满载	2.5	8	263	258	336	496	276	250
		半载			270	260	350	502	274	252
		压载			271	261	362	506	282	269

(3)15万吨船在30°浪和0°顺浪作用下(表7-46),SC2500H-RO(标准反力型)一鼓一板橡胶护舷,满足要求。

30°浪作用下,15万吨船特征工况的撞击力数据 表7-46

工况	风	载度	波浪		最大撞击力(kN)	最大撞击能量(kJ)
			$H_{4\%}$(m)	$T_{平均}$(s)		
作业工况	6级风	满载	2.2	8	3062	1865
		半载			3062	1865
		压载			3062	2015
系泊工况	9级风	满载	2.5	8	3062	2090
		半载			3062	1961
		压载			3062	2016

注:0°顺浪条件下的撞击力很小,故未统计。

第 8 章　主要研究成果及创新点

8.1　主要研究成果

中国沿岸港口已进入后建设期,越来越多的大型码头面临开敞海域,在港内口门附近或港外,大风浪天气会对码头生产作业产生重大的影响。如何确定大型开敞式码头船舶作业条件,对保障码头系泊安全、合理调度、提高接卸效率都具有十分重要的意义。针对大型开敞码头面临的这些难题,研究波浪精细化预报模拟技术和船舶运动响应快速预报技术,可保障码头装卸作业安全,为智慧型港口提供支撑。

(1)波浪全过程精细化模拟及预报技术

基于物理模型及数学模型手段,研究单位已实施中国近岸几十个港口建设项目的科研工作,充分总结历史数据,研究中国沿海大风浪港口特征及未来发展趋势,建立了沿海港口波浪预测技术。

首先,基于能谱的波浪模式采用不同的参数化方案订正,考虑非对称性联合风场为驱动场、白浪破碎、近岸浅水地形波浪破碎等物理过程系统模拟中国过去 50 年的大风及大风浪过程,建立适用于中国沿海港口的大风及大风浪数据库。

其次,基于中国沿海长期的实测风浪、再分析风浪数据,建立中国海域港口风浪预报模型,实现中国沿海海域 31 个港口的 72h 逐时海浪预报功能。

(2)船舶运动响应快速预报技术

考虑系泊船舶、缆绳、护舷等作用的相互耦合影响,在时域内得到风浪流联合作用下船舶的六自由度运动响应、系缆力和撞击力;基于大量数值模拟和实验室物理模型试验数据,建立了船舶动力响应预报数据库;采用智能神经网络算法实现了预报波浪下船舶动力响应的快速预报,为中国海域港口的安全作业提供技术支撑。

(3)系泊船舶作业天数精细化分析技术

首次依据不同波浪周期对应的允许作业条件,并结合港区的波浪基础资料(实测序列、波高周期联合分频分级表等),对码头的不可作业天数和最大连续不可作业天数统计方法进行精细化分析,以满足运营方案的设计。

8.2 创 新 点

根据上述的主要成果,本项目的主要创新点表现在以下4个方面。

(1)基于现场实测风速数据及NOAA预报风速数据建立风速修正关系,考虑中国海域的大风过程得到工程海域未来3天逐时风速预报数据。采用国际先进能谱波浪模式,以预报风速及修正的大风场为模型驱动场,考虑白帽破碎、近岸精细化浅水地形作用建立大尺度海域波浪模型及工程海域精细化海浪数值模型对工程海域的风浪进行未来3天的逐时预报。

(2)开发了船舶在风浪流联合作用下的时域运动分析模型,建立了基于神经网络算法的快速预报方法,集成了数值模拟计算结果和物理模型试验结果形成的海量数据,实现了对船舶运动量、系缆力及护舷撞击力数值的快速预报。其中考虑了船舶不同装载和不同波浪周期的影响,并考虑了360°全方向下的风向和浪向作用。

(3)改进了码头的不可作业天数和最大连续不可作业天数统计方法,基于不同浪向、不同周期的波浪对应的允许作业波高,与波浪时间序列资料结合,更为准确地分析了作业条件,提高了大型开敞式码头在恶劣季节的作业保证率。

(4)除针对单船系泊码头的运动响应进行模拟预报,还针对双船并靠码头时水动力间相互干扰的复杂情况进行了研究,建立了系泊并靠双船的动力响应预报数据库,针对不同波向不同周期,给出双船安全作业的推荐波高。

参考文献

[1] 江文铂. 国内外运输船舶发展趋势对湛江港的启示[J]. 中国水运,2011,11(12):23-24.

[2] 罗跃华. 集装箱船舶的大型化发展趋势[J]. 水运管理,2011,33(7):37-39.

[3] 魏昌理. 在大型开敞式码头建立缆绳拉力、护舷压力监控预警系统的必要性[J]. 水运工程,2007(9):115-118.

[4] 杨宪章,刘毅,李文玉. 波流联合作用下的船舶系泊[J]. 中国港湾建设,2006(1):8-11.

[5] 陈宏. 船舶断缆预防和应急措施[J]. 天津航海,2017(1):1-2.

[6] 夏贤斌. 大型船舶安全系泊断缆原因分析与预防[J]. 中国水运,2016,16(10):9-10.

[7] 南京水利科学研究所船舶荷载试验小组. 关于波浪作用下码头船舶荷载问题的探讨[J]. 水利水运科技情报,1976(1):1-39.

[8] 大连工学院港工专业科研组. 涌浪作用下的油轮撞击力[J]. 大连工学院学报,1977(6):78-84.

[9] 海港总体规范水域观测组. 某港泊稳条件的观测及分析报告[J]. 港工技术通讯,1978(1):1-20.

[10] 第一航务工程局设计研究院总体规范水域观测组. 八所港泊稳条件的观测及分析[J]. 水运工程,1978(9):11-15.

[11] 洪承礼. 大连鲇鱼湾油码头的规划与平面设计[J]水运工程,1978(3):2-13。

[12] 大连工学院海洋工程研究所油轮靠泊力研究组. 规则波作用下系泊油轮撞击能量的试验研究[J]. 大连工学院学报,1979(6):60-69.

[13] 杨希宏. 对海港码头泊稳及作业条件的初步探讨[J]. 港工技术通讯,1980(4):1-10.

[14] 李玉成. 不规则波作用下的船舶撞击作用[J]. 海洋学报(中文版),1980,2(3):123-136.

[15] 李玉成. 大型油轮系泊时撞击能量的估算[J]. 水运工程,1980(3):28-30.

[16] 刘衍荣. 波浪作用下船舶撞击力计算公式的探讨[J]. 水运工程 1980(7):51-53.

[17] 交通运输部. 海港总体设计规范:JTS 165—2013[S]. 北京:人民交通出版社股份有限公司,2014

[18] 中交水运规划设计院有限公司.离岸深水港码头泊稳条件关键技术研究专题一:以船舶运动量表示的作业标准研究[R].北京:中交水运规划设计院有限公司,2009.

[19] 张福然,赵军,张学勤.水流对系泊船舶作用了的试验研究[R].天津:交通部天津水工程科学研究所,1990.

[20] 交通运输部.港口工程荷载规范:JTS 144-1—2010[S].北京:人民交通出版社,2011.

[21] British Standard BS 6349, Maritime structures. Part I: Code of Practice for General Criteria[S]. London: BSI, 2000.

[22] OCIMF(Oil Companies International Marine Forum). Mooring Equipment Guidelines: MEG3[R]. United King: OCIMF, 2008.

[23] John W. Gaythwaite. Design of Marine Facilities for the Berthing, Mooring, and Repair of Vessels-2nd edition[M], Published by The American Society of Civil Engineers, 2004.

[24] 国土交通省港灣局.港湾の施設の技術上の基准・同解說[S].日本:社团法人,日本港灣協会,平成19年.

[25] 杨兴晏.船舶风荷载算法的比较研究[J].港工技术,2005(2):12-13.

[26] 杨兴晏,陈敏.关于船舶受风面积计算方法的探讨[J].港工技术,2013(1):19-21.

[27] 叶银苗.码头设计中船舶风荷载中英规范标准研究[J].水运工程,2014(7):46-50.

[28] 韩亚男.国内外码头工程的船舶荷载设计计算方法比较研究[D].大连:大连理工大学,2015.

[29] 李叶兴,陈国平,严士常,等.大型油轮水流力试验研究[J].水运工程,2012(9):12-17.

[30] 陈际丰,刘强,牛恩宗.波浪作用下船舶撞击力计算参数的选择[J].水运工程,2007(11):6-8.

[31] 牛恩宗,张成刚,张昊.系泊船舶在波浪作用下撞击力研究[J].水运工程,2007(11):162-164.

[32] 藤斌,李玉成,刘昌凤.系泊船舶在横浪作用下的撞击能量专题研究报告[R].大连:大连理工大学,2007.

[33] PIANC(Permanent International Association of Navigation Congresses). Criteria for movements of moored ships in harbours: a practical guide[R]. Belgium: PI-

ANC,1995.

[34] SHIP-MOORINGS Introduction [R]. The Nederlands: Alkyon Hydraulic Consultancy & Research ,2001.

[35] OPTIMOOR USERS GUIDE. Oil Companies International Marine Forum[M]. London: Tendon Technology International Ltd,2012.

[36] Bureau Veritas. HYDROSTAR FOR EXPERTS USER MANNUAL[R]. 2014.

[37] Bureau Veritas. ARIANE 8 UDER GUIDE[R]. 2015.

[38] 周丰,张志明,杨国平,等. 码头系泊船舶系缆力及运动量数值模拟[J]. 中国港湾建设,2010(S1):60-63.

[39] 聂鸿鹏. 40 万吨级超大型油轮船舶系泊动态响应的试验研究[J]. 中国港湾建设,2010(5):28-30.

[40] SHI X Y,ZHANG N C,YANG Y. Experimental Study of the Motion Responses of a Large Mooring(LNG)Ship in the Waves with Grand Period[J]. Journal of Ship Mechanics,2012(9):980-988.

[41] 王长利,黄宣军,蒋冰,等. 45 万吨超大型油轮系缆方式及安全作业试验研究[J]. 中国港湾建设,2014(12):30-33.

[42] 李焱,高峰,耿宝磊. 天津液化天然气(LNG)项目码头及陆域形成工程船舶泊稳物理模型试验研究报告[R]. 天津:交通运输部天津水运工程科学研究所,2012.

[43] 李焱,沈文君,谭忠华. 青岛港董家口港区原油码头工程船舶系泊物理模型试验研究报告[R]. 天津:交通运输部天津水运工程科学研究所,2013.

[44] 王宣军. 喀麦隆克里比深水港工程船舶系泊物理模型试验研究报告[R]. 天津:中交天津港湾研究院有限公司,2013.

[45] 王宣军. 中石油深圳 LNG 应急调峰站项目码头工程(含陆域形成)船舶系泊物理模型试验研究报告[R]. 天津:中交天津港湾研究院有限公司,2014.

[46] 李焱,沈文君,高峰. 印尼 KARANG TARAJE 码头工程船舶系泊数学模型试验研究报告[R]. 天津:交通运输部天津水运工程科学研究所,2014.

[47] 李焱,沈文君,高峰. 漳州 LNG 项目码头工程 LNG 船舶系泊数学模型试验研究报告[R]. 天津:交通运输部天津水运工程科学研究所,2017.

[48] 左东启,等. 模型试验的理论和方法[M]. 北京:水利电力出版社,1984.

[49] 交通运输部. 波浪模型试验规程:JTJ/T 231—2021[S]. 北京:人民交通出版社股份有限公司,2021.

[50] 吴秀恒. 船舶操纵性与耐波性[M]. 北京:人民交通出版社,1999.

[51] 郝亚平. 船舶性能试验技术[M]. 北京:国防工业出版社,1991.
[52] 大连工学院水利系港工科研组. 鼓型橡胶防冲护舷的模拟问题[R]. 大连:大连工学院. 1957.
[53] 交通运输部. 港口与航道水文规范:JTS 145—2015[S]. 北京:人民交通出版社股份有限公司,2015.
[54] 倪建斌. Matlab 在 Stewart 船舶正解中的应用[J]. 机械工程师,2005(11):92-94.
[55] 孟祥玮,高学平. 船模六自由度运动量的接触式测量[J]. 船舶力学,2010,14(4):379-384.
[56] Cummins W E. The Impulse Response Function and Ship Motions[J]. Schiffstechnik,1962(9):101-109.
[57] 信书. 码头前系泊船舶运动响应的数值模拟[D]. 大连:大连理工大学,2005.
[58] 邹志利,Bowers E . C. 港口内靠码头系泊船运动的计算[J]. 海洋工程,1995 ,13(3):25-36.
[59] 董艳秋. 船舶波浪外荷和水弹性[D]. 天津:天津大学出版社,1988.
[60] 蒋学炼,李炎保. 波浪作用下系泊船舶运动计算[J]. 水动力学研究与进展,2005,20(6):793-801.
[61] Van Oortmerssen,IRG. The motions of a moored ship in waves[D]. Delft University of Technology,1977.
[62] 李怀亮,徐慧,谢维维,等. MOSES 软件在系泊浮体运动计算中的应用研究[J]. 海洋工程,2013,31(6): 16-21.
[63] 孙玉柱,任小伟. 利用 MOSES 软件进行施工船系泊分析[J]. 中国水运,2016,16(3): 13-15.
[64] 中交水运规划设计院有限公司. 离岸深水港码头泊稳条件关键技术研究专题一:以船舶运动量表示的作业标准研究[R]. 中交水运规划设计院有限公司,2009.
[65] 交通运输部. 液化天然气码头设计规范:JTS 165-5—2016[S]. 北京:人民交通出版社股份有限公司,2016.
[66] The International Society of Gas Tanker and Terminal Operators(SIGTTO). Site Selection and Design for LNG Ports and Jetties[S].
[67] 胡昕,吕锐. 大型开敞式油码头泊位长度的探讨[J]. 水运工程,2006(9):79-82.
[68] 吴澎,姜俊杰,张廷辉,等. 开敞式蝶形码头墩位平面布置的优化研究[J]. 水运工程,2006(10):120-127.

[69] 蔡长泗. 开敞水域蝶形码头泊位的长度[J]. 中国港湾建设,2007(5):36-37.
[70] 蔡长泗. 蝶形短泊位系泊效果[J]. 水运工程,2009(4):80-82.
[71] 李绍武,张志明,杨国平,等. 开敞海域中液体散货泊位长度探讨[J]. 水运工程,2015(2):197-201.
[72] 陈万佳. 港口水工建筑物[M]. 北京:人民交通出版社,1989.
[73] 雍新,史宏达. 我国码头新结构形式综述[J]. 海岸工程,2013,32(1):35-42.
[74] 李焱,曹玉芬,陈汉宝. 大连港新港区改扩建工程物理模型试验报告 [R]. 天津:交通部天津水运工程科学研究所,2002.
[75] 李焱,陈汉宝. 秦皇岛港煤一期扩容工程波浪整体物理模型试验报告[R]. 天津:交通部天津水运工程科学研究所,2002.
[76] 莫建新,吴黎红. 防城港钢铁基地 20 万吨级矿石码头结构选型[J]. 中国港湾建设,2013(1):1-4.
[77] 刘针,梁英妮. 大连港太平湾港区波浪物理模型研究[J]. 水道港口,2014,35(2):130-134.
[78] 李焱,刘海源. 大连港新港 18 ~21 号泊位工程船舶系泊物理模型试验研究报告[R]. 天津:交通部天津水运工程科学研究所,2010.
[79] 刘昌凤,滕斌,张俊生,等. 码头前系泊船舶撞击速度研究[J]. 水道港口,2011,32(3):161-167.
[80] 李焱,陈汉宝,戈龙仔,等. 漳州港古雷港区古雷作业区南 2 号液体化工码头工程船舶泊稳物理模型试验研究报告[R]. 天津:交通部天津水运工程科学研究所,2010.
[81] 李焱,高峰,马隽. 山东液化天然气(LNG)项目码头及陆域形成工程船舶系泊物理模型试验研究报告[R]. 天津:交通运输部天津水运工程科学研究所,2010.
[82] 高峰,李焱,孟祥玮. 浙江 LNG 接收站项目 LNG 船舶系泊试验研究报告[R]. 天津:交通运输部天津水运工程科学研究所,2009.
[83] 李焱,姜云鹏,沈文君. 黄骅港散货港区原油码头一期工程船舶系泊物理模型试验报告[R]. 天津:交通运输部天津水运工程科学研究所,2017.
[84] 褚广强,彭玉生,胡家顺,等. 大连港矿石专用码头工程设计优化与创新[J]. 水运工程,2006,(10):64-69.
[85] 何小林,张震雄. 宝钢马迹山矿石码头二期工程总体布置[J]. 水运工程,2008(10):62-67.
[86] 刘洪路,孙密,林金利. 马迹山港及 VLOC 安全系泊注意事项[J]. 航海技术,2009(6):24-25.

[87] 高峰,李焱,陈汉宝. 武钢舟山凉谭岛矿石中转码头工程系泊船舶运动物理模型试验研究报告[R]. 天津:交通部天津水运工程科学研究所,2006.

[88] 张福然,赵军,张学勤. 水流对离岸海港码头系泊船舶作用力的研究[J]. 水道港口,1995(1):1-10.

[89] 陈中一,陈基成,赵颖. 在潮汐流作用下25万吨级油轮系缆力模型试验研究[J]. 海洋工程,1998,16(3):45-53.

[90] 高峰,李焱,陈汉宝. 青岛港董家口港区矿石码头工程船舶系泊、系缆物理模型试验研究报告[R]. 天津:交通部天津水运工程科学研究所,2010.

[91] 李焱,高峰,耿宝磊,等. 宁波—舟山港衢山港区鼠浪湖岛矿石中转码头工程船舶系靠泊试验研究[R]. 天津:交通部天津水运工程科学研究所,2012.

[92] 耿宝磊,李焱,沈文君. 印尼芝拉扎电厂扩建水工工程模型试验研究——船舶系泊物理模型试验研究报告[R]. 天津:交通运输部天津水运工程科学研究所,2016.

[93] 李焱,耿宝磊,高峰. 厦门港后石港区中利石化5万吨级化工码头及护岸工程船舶系泊物理模型试验研究报告[R]. 天津:交通部天津水运工程科学研究所,2012.

[94] 李焱,郑宝友,陈汉宝,等. 大型LNG船舶系泊条件试验研究[J]. 中国港湾建设,2011(6):21-25.

[95] UNIFIED FACILITIES CRITERIA(UFC). Design: Mooring (UFC 4-159-03) Department of Defense[J],UNITED STATES OF AMERICA ,3 October 2005.

[96] 邹志利,张日向,张宁川,等. 风浪流作用下系泊船系缆力和碰撞力的数值模拟[J]. 中国海洋船舶,2002(02).